LA FILLE DU FOU

LIBRAIRIE E. DENTU, ÉDITEUR

DU MÊME AUTEUR

	fr.
Les Amours d'Olivier (suite et fin de la *Baladine*), 3ᵉ édit., 2 vol.	6
Les Amours de Province, 2ᵉ édit., 3 vol.	9
La Bâtarde, 3ᵉ édit., 2 vol.	6
La Baladine, 3ᵉ édit., 2 vol.	6
Le Bigame, 6 édit. 2 vol.	6
La Voyante, 2ᵉ édit., 4 vol.	12
I. — Blanche Vanbaron, 2 vol.	
II. — L'Agence Rodille, 2 vol.	
Le Crime d'Asnières, 4ᵉ édit., 2 vol.	6
I. — L'Entremetteuse.	
II. — La Rastaquouère.	
Le chalet des Lilas, 3ᵉ édit., 2 vol.	6
Une Dame de Pique, 3ᵉ édit., 2 vol.	6
Une Débutante, 3 édit., 1 vol.	3
La Demoiselle de Compagnie, 3ᵉ édit., 4 vol.	12
Le dernier duc d'Hailali, 3ᵉ édit., 4 vol.	12
Deux Amies de St-Denis, 4ᵉ édit., 1 vol.	3
Deux Amours, 4ᵉ édit., 2 vol.	6
I. — Hermine.	
II. — Odille.	
Un Drame à la Salpêtrière, 2ᵉ édit., 2 vol.	6
Le Fiacre n° 13, 6ᵉ édit., 4 vol.	12
La Fille de Marguerite, 3ᵉ édit., 6 vol.	18
Les Filles de Bronze, 5ᵉ édit., 5 vol.	15
Les Filles du Saltimbanque, 2ᵉ édit., 2 vol.	6
I. — La Comtesse de Kéronal.	
II. — Berthe et Georgette.	
Jean-Jeudi, 3ᵉ édit., 2 vol.	6
Madame de Trèves, 8ᵉ édit., 2 vol.	6
La Maison des Mystères, 2ᵉ édit., 2 vol.	6
La Maîtresse du Mari, 5ᵉ édit., vol.	3
La Maîtresse masquée, 3ᵉ édit., 2 vol.	6
La Marquise Castella, 3ᵉ éd., 2 vol.	6
Le Mari de Marguerite, 14ᵉ édit., 3 vol.	9
Les Maris de Valentine, 8ᵉ édit., 2 vol.	6
Sa Majesté l'Argent, 6ᵉ édit., 5 vol.	15
Le Médecin des Folles, 5ᵉ édit., 5 vol.	15
P.-L.-M., 3ᵉ édit., 6 vol.	18
I. — La Belle Angèle, 2 vol.	
II. — Rigolo, 2 vol.	
III. — Les Yeux d'Emma-Rose, 2 vol.	
Les Pantins de Madame le Diable, 4ᵉ édit., 2 vol.	6
Une Passion, 4ᵉ édit., 1 vol.	3
Le Parc aux Biches, 3ᵉ édit., 2 vol.	6
La Porteuse de Pain, 3ᵉ édit., 6 vol.	18
Le Roman d'une Actrice, 3ᵉ édit., 2 vol.	6
I. — Paméla des Variétés.	
II. — Madame de Franc-Boisy.	
Le Secret de la Comtesse, 5ᵉ édit., 2 vol.	6
I. — Le Capitaine des Hussards.	
II. — Armand.	
Le Secret du Titan, 2ᵉ édit., 2 vol.	6
Simone et Marie, 3ᵉ édit., 6 vol.	18
Son Altesse l'Amour, 4ᵉ édit., 6 vol.	18
La Sorcière Rouge, 4ᵉ édit. 3 vol.	
Les Tragédies de Paris, 7ᵉ édit., 4 vol.	12
Le Ventriloque, 4ᵉ édit. 3 vol.	9
I. — L'assassin de Mariette.	
II. — La femme du Prussien.	
III. — Le Mari et l'Amant.	
La Veuve du Caissier, 8ᵉ édit., 2 vol.	6
La Vicomtesse Germaine, 7ᵉ édit., 3 vol.	9

ÉMILE COLIN — IMPRIMERIE DE LAGNY

XAVIER DE MONTÉPIN

MARATRE

LA
FILLE DU FOU

I

PARIS
E. DENTU, ÉDITEUR
LIBRAIRE DE LA SOCIÉTÉ DES GENS DE LETTRES
3, PLACE DE VALOIS, 3

1890
Tous droits réservés

MARATRE

LA FILLE DU FOU[*]

I

La voiture emportant Gaston Dauberive courait de toute la vitesse de ses chevaux sur la route de Paris.

Saturnin Rigault soutenait de son mieux le corps inanimé que les cahots secouaient rudement.

— Il faudrait que ce malheureux reprît connaissance... — dit la comtesse en tirant de sa poche un flacon de sels anglais d'une grande énergie. — Tâchez de le maintenir pendant quelques secondes dans un état d'immobilité complète.

Madame Kourawieff déboucha le flacon et le

[*] L'épisode précédent est intitulé : LA TIREUSE DE CARTES.

passa à plusieurs reprises sous les narines du sculpteur.

L'émotion seule ayant provoqué l'évanouissement, il ne devait pas être de longue durée.

De petits tressaillements nerveux agitèrent presque aussitôt les membres de Gaston.

Ses paupières frissonnèrent.

Il ouvrit les yeux, les fixa sur les deux personnes qui se trouvaient auprès de lui et voulut parler.

La comtesse avait lu sa pensée dans son regard.

— Pas un mot... pas une question... — dit-elle vivement. — Je vais vous apprendre ce que vous désirez savoir... — On nous poursuit, mais on ne nous atteindra pas... — Vous êtes avec des amis... — C'est par mon ordre qu'on a tenté de vous délivrer et qu'on a réussi... — Vous reverrez ceux que vous aimez... Votre fille vous sera rendue...

— Ma fille... — murmura Gaston avec une sorte d'extase — ma fille! — Mais qui êtes-vous donc, madame, vous qui m'avez sauvé? — Je ne vous connais pas... où me conduisez-vous?...

Les prunelles du sculpteur étincelaient.

Il saisit la main de la comtesse qui sentit sa chair meurtrie sous la pression nerveuse de ses doigts amaigris.

Elle dégagea sa main, croisa son regard avec celui de Gaston et répondit d'une voix stridente, impérieuse :

— Je suis pour vous la Providence... — Que vous importe le reste?... — Je vous défends de m'interroger... Je vous ordonne le silence... — Obéissez, sinon je vous rends au cabanon où vous étiez enfermé depuis dix-neuf ans...

— Non... non... pas cela! — bégaya le fou, pris d'une indicible terreur — pas cela! J'obéirai... Je vous le promets...

— A la bonne heure... Soyez raisonnable... taisez-vous... et attendez que ce soit moi qui vous interroge...

Gaston enfonça son visage dans ses mains et resta muet.

La voiture continuait à rouler avec une vertigineuse rapidité.

On atteignit les quais.

La pluie tombait toujours par torrents, mais l'ouragan ne grondait plus que dans le lointain.

On passa devant le Jardin des Pantes.

Des fauves hurlaient au fond de leur cage.

Un frisson d'épouvante secoua Gaston.

— Les fous... — bégaya-t-il d'une voix étranglée, — les fous furieux... — les entendez-vous?

— Ce ne sont pas des hommes, — répondit la comtesse, — ce sont des bêtes sauvages... — Nous côtoyons le Jardin des Plantes.

Le sculpteur ne dit plus rien, et continua à trembler, puis il sembla s'assoupir, mais il ne dormait point, il s'efforçait de mettre de l'ordre dans le chaos de ses pensées.

On arriva rue de Grenelle-Saint-Germain, en face de la maison où demeurait Saturnin Rigault.

Celui-ci mit pied à terre.

— Il faut descendre… — dit-il à Gaston.

En même temps il lui tendait une main que le sculpteur se hâtait de saisir, et il l'aida à sortir de la voiture.

Aussitôt sur le trottoir désert, le fou promena autour de lui des yeux effarés.

La comtesse à son tour était descendue.

Elle adressa quelques mots à voix basse au groom Jupiter et elle prit le bras de Gaston.

Saturnin, à l'aide d'une clef tirée de sa poche, avait ouvert la porte de la maison.

On en franchit le seuil.

Gaston se laissait guider avec la docilité d'un enfant.

Par les couloirs souterrains que nous avons suivis un jour avec Saturnin Rigault quittant la comtesse, on le conduisit jusqu'à l'hôtel de la rue Saint-Dominique.

Nicolas, le valet russe de madame Kourawieff, mettait de l'ordre dans le cabinet de travail quand on y pénétra.

A la vue de la longue barbe blanche, du visage émacié et de la maigreur effrayante du sculpteur, le domestique poussa une exclamation de pitié.

Dauberive le regarda.

— Vous me connaissez? — lui demanda-t-il.

— Non, — répondit Nicolas. — Mais en vous voyant j'ai pensé que vous aviez dû beaucoup souffrir...

— Suis-je donc si changé?... — murmura Gaston se parlant à lui-même, mais assez haut pour être entendu.

La comtesse le prit par la main et le conduisit devant une glace qu'éclairait Nicolas, un flambeau à la main.

Le sculpteur resta un instant immobile en face du miroir qui reflétait son image.

Il semblait ne point se rendre compte de ce qu'il voyait et il ne s'en rendait véritablement pas compte.

Enfin, ayant fait un mouvement et s'apercevant que la glace reproduisait ce mouvement, il comprit que ce fantôme c'était lui-même et il recula, terrifié.

— Ah! — s'écria-t-il ensuite en cachant sa figure dans ses mains — qui me reconnaîtrait? je ne pouvais pas me reconnaître!

— Maintenant, — lui dit madame Kourawieff, — venez... — vous devez avoir un bien grand besoin de repos...

Le comtesse, éclairée par Nicolas, conduisit le fou dans une chambre préparée d'avance.

Sur une petite table se trouvait une carafe remplie

d'un liquide transparent qui ressemblait à de l'ambre en fusion, et un verre.

La pseudo grande dame déboucha la carafe, remplit le verre et le présenta à Gaston.

— Buvez cela... — lui dit-elle.

Le sculpteur eut un moment d'hésitation visible.

— Buvez! — répéta la comtesse impérieusement.

Dauberive vida le verre d'un seul trait.

— A présent vous allez dormir... — A demain...

Madame Kourawieff sortit, laissant Nicolas avec le fou.

Le valet russe l'aida à se déshabiller, et quand il se fut couché borda d'une main soigneuse les couvertures.

Quelques secondes plus tard Gaston dormait d'un profond sommeil, sous l'influence du breuvage narcotique qu'il venait d'absorber.

*
* *

Depuis qu'il lui avait fallu s'aliter par suite de sa chute Eugénie Daumont, dont nous connaissons le besoin d'activité turbulente, subissait d'assez fréquentes crises nerveuses, qui rendaient — chose invraisemblable — son caractère encore plus irascible et plus odieux que d'habitude.

Son gendre venait la voir tous les matins, accompagné de Thérèse et de Renée, et pendant le reste du jour ni les uns ni les autres ne reparaissaient dans son appartement.

Sa femme de chambre, interrogée sur ce qui se passait à l'intérieur de l'hôtel, lui répondait d'une façon vague et nullement propre à satisfaire sa dévorante curiosité.

Toutes ses questions avaient trait — comme bien on pense, — à l'institutrice.

La pensée qu'elle ne la connaissait pas et qu'on ne la lui présentait point l'irritait outre mesure, et la mettait dans un état de surexcitation permanente.

Elle aurait bien voulu interroger M. de Lorbac, mais elle n'osait, sachant que la curiosité déplaisait superlativement au docteur.

Or son gendre lui inspirait un respect mêlé d'un peu de frayeur et lui en imposait beaucoup.

L'irritation, cependant, atteignant son paroxysme chez elle, il lui devint impossible de se contenir plus longtemps.

A tout prix elle voulait savoir.

Depuis une semaine déjà Rose habitait l'hôtel de la rue Linné.

Neuf heures du matin sonnaient.

C'était l'heure de la visite quotidienne de M. de Lorbac.

Il entra.

Ce jour-là sa femme et sa fille ne l'accompagnaient pas, se réservant de venir un peu plus tard.

— Eh bien! chère madame, — dit-il à la marâtre en lui prenant la main et en appuyant deux de ses doigts sur l'artère, — comment allons-nous ce matin?... — Aussi bien que possible, n'est-ce pas?... — Aucune trace de fièvre... le pouls est calme et régulier...

— Assurément je vais beaucoup mieux, mon cher gendre... — répondit Eugénie d'un ton sec, — il me semble même que je pourrais très bien me lever et essayer de marcher... — qu'en pensez-vous?

— Je pense que ce serait aller un peu trop vite, — répliqua le docteur en souriant, — non seulement je ne vous le conseille point, mais je vous le défends...

— En vérité, — s'écria la vieille dame avec une aigreur qu'elle ne cherchait point à cacher — on pourrait croire qu'on a quelque intérêt à me garder au lit, à m'éloigner de la vie commune de cette maison!

— Ah ça! mais, chère madame, — fit M. de Lorbac avec un sourire plus accentué, — auriez-vous mal dormi? Je vous vois ce matin d'assez fâcheuse humeur... — Qu'avez-vous?...

— J'ai qu'on me traite chez vous, par conséquent chez ma fille, comme une étrangère.

— Ah! par exemple, un tel reproche...

— N'est que trop justifié.... — interrompit madame Daumont.

— Justifié! comment? Par quoi?

— On manque à mon égard des procédés les plus simples, les plus élémentaires... — on me laisse ignorer tout ce qui se passe, et vous le savez bien puisque je ne vois ma fille et ma petite-fille qu'en votre présence depuis que je suis dans mon lit, et qu'elles m'entretiennent uniquement de banalités..

— On vous laisse ignorer tout ce qui se passe ! — mais il ne se passe absolument rien qui mérite de vous être signalé...

— Ah ! vous trouvez cela ?

— Sans doute... — Dans tous les cas je suis prêt à vous donner satisfaction, si je le peux... — Que désirez-vous savoir ? — Questionnez-moi pendant que je vais remettre à votre cheville un nouveau bandage.

Eugénie tendit sa jambe malade au docteur et demanda :

— Alors Renée a quitté le pensionnat définitivement ? pour toujours ?

— Pour toujours, oui.

— Et vous lui avez trouvé une institutrice ?

— Oui.

— Qu'est-ce que c'est au juste que cette institutrice ?

— Une jeune fille charmante, parfaitement distinguée sous tous les rapports... Une amie de pension de Renée...

En entendant ces mots madame Daumont tressaillit malgré elle.

Le docteur se méprit à la nature de ce tressaillement.

— Vous ai-je fait mal ? — demanda-t-il.

— Un peu, — répondit Eugénie, saisissant ce prétexte pour cacher son trouble. — Serrez moins la bande, je vous en prie...

— C'est ce que je vais faire...

La marâtre, cependant, voulait en savoir plus long.

Elle reprit :

— Ainsi c'est une amie de pension de Renée qui est devenue son institutrice ?...

— Mon Dieu, oui.

— Par quel hasard ?

— Rien de plus simple... — Renée, fort attachée à sa compagne, souffrait beaucoup de ne plus l'avoir auprès d'elle... — Thérèse a eu l'excellente idée de les réunir en appelant ici la jeune fille pour achever l'éducation interrompue par la sortie du pensionnat... — La chose était facile à réaliser, la pauvre enfant venant de perdre sa mère...

— Ah ! elle a perdu sa mère... — interrompit madame Daumont.

— Hélas ! oui, — il y a quelques semaines...

— Et elle est de Paris, cette jeune fille ?...

— Des environs de Paris.

— Où habitait sa mère ?

— Dans une commune du département de Seine-et-Marne... tout à côté de Sucy-en-Brie, une maison qu'on appelle la *Ferme des Rosiers*.

Eugénie eut un nouveau tressaillement plus accentué que le premier et pâlit d'une façon visible.

— Allons, décidément, je suis un maladroit, ce matin ! — s'écria M. de Lorbac — je viens encore de vous faire souffrir... — J'ai cependant d'habitude la main assez légère... — Mille fois pardon !

— Ne vous excusez pas ! — J'ai frissonné sans savoir pourquoi...

— Du reste, c'est fini... — La cheville est bandée solidement et voici, chère madame, le conseil que je vous donne : — Si pénible qu'il vous paraisse de ne pouvoir comme de coutume aller et venir dans l'hôtel, armez-vous de patience et de résignation, car il serait souverainement imprudent de vous lever et d'essayer de marcher... La guérison est en bonne voie, mais il suffirait d'un faux pas pour renouveler et pour aggraver le mal. — Tout ce que je puis autoriser, c'est qu'on vous aide à quitter votre lit pour vous installer pendant quelques heures sur une chaise longue... — Ce sera au moins un changement de position...

— Tantôt je ne manquerai pas de le faire...

— Vous vous en trouverez bien... Au revoir, chère madame...

M. de Lorbac quitta son siège et se retira.

II

Eugénie Daumont, aussitôt que son gendre l'eut laissée seule, s'abandonna sans contrainte à l'épouvante résultant de ce qu'elle venait d'apprendre.

Dans la crainte de se trahir elle n'avait pas osé pousser plus loin ses questions et demander à M. de Lorbac le nom de l'institutrice de sa petite-fille Renée.

Sa femme de chambre lui avait bien dit que cette institutrice s'appelait Rose, mais à ce prénom elle n'avait pu joindre le nom de famille.

Après les explications données par le docteur madame Daumont ne pouvait guère conserver de doutes.

Rose, selon toute probabilité, devait être l'enfant adoptive de Jeanne Madoux qu'elle croyait sa mère, et qui venait de mourir à la ferme des Rosiers, sur le territoire de Sucy-en-Brie.

Oui, c'était bien la jeune fille amie de pension de Renée, et se nommant Rose Madoux. — Ce ne pouvait être qu'elle...

Toutes les terreurs éprouvées par la marâtre, quand elle avait appris que Thérèse allait assister à l'enterrement de Jeanne, terreurs endormies depuis lors, venaient de se réveiller plus vivaces.

Une angoisse effroyable l'assaillait.

Thérèse savait-elle que Rose était sa fille, sa Pauline dont elle était séparée depuis tant d'années?

Si elle l'ignorait encore, la présence de cette enfant à l'hôtel ne l'amènerait-elle pas fatalement à la découverte du secret jusque-là si bien gardé?... — Un hasard ne lui révélerait-il pas la véritable origine de Rose?

Tous ces points d'interrogation, qui se posaient dans son esprit sans cesse en travail, infligeaient à madame Daumont une véritable torture morale, que son état d'inaction forcée rendait encore plus cruelle.

Elle aurait voulu aller trouver Véronique Jaltier, lui demander si elle avait trahi son serment d'autrefois et révélé le secret qu'elle connaissait seule.

Mais les suites de sa chute la clouaient, impuissante, sur son lit.

L'affirmation du docteur était précise: — il y aurait imprudence grave, il y aurait péril certain à ne point garder pendant quelques jours encore une immobilité complète.

Un simple faux pas devait suffire pour retarder, pour compromettre peut-être la guérison.

Donc il fallait obéir au médecin, et se résigner à une impuissance absolue.

Si seulement madame Danmont avait pu causer librement avec sa fille...

Cela encore était impossible, car nous savons déjà que chaque jour Thérèse venait la voir accompagnée de son mari et de Renée.

Eugénie mâchait et remâchait ces choses amères quand sa femme de chambre introduisait madame de Lorbac et se retira.

— Tu es seule ? — lui demanda vivement la marâtre en voyant la porte se refermer derrière elle.

— Seule, oui, ma mère.. — répondit Thérèse en se penchant sur le lit et en embrassant la malade.

— Renée ne viendra pas ?

— Non... Pas ce matin du moins...

— Tu en es sûre ?

— Parfaitement sûre. — Elle assiste à la messe de mariage d'une de ses amies de pension...

— Tant mieux !

— Pourquoi tant mieux, ma mère ?

— Parce que la présence continuelle d'un tiers entre nous rend impossible tout entretien sérieux...

— Tout entretien sérieux ?... — répéta Thérèse étonnée. — Devons-nous donc en avoir un ?

— Oui...

— Ce n'est pas mon avis et, selon moi, nous n'avons rien à nous dire que ma fille ne puisse entendre...

— Oublies-tu qu'il y a entre nous un secret d'où dépend toute ta vie ?...

Thérèse jeta autour d'elle un regard effaré et répliqua vivement :

— Si c'est de ce secret que vous voulez me parler, je refuse de vous entendre et je me retire...

— Reste ! je le veux... je l'ordonne !...

— Des ordres ! à moi ! Chez moi !

— Souviens-toi que je suis ta mère et que tu me dois tout.

— Eh bien ! soit ! — fit Thérèse d'une voix sourde, que la colère contenue rendait tremblante. — Puisque vous l'exigez, abordons ce sujet ! Parlons de ce que je vous dois !

— Ne me dois-tu pas ton bonheur d'aujourd'hui ?

— Peut-être, mais je vous ai dû la honte et les douleurs de ma jeunesse, et certains souvenirs ne peuvent s'effacer ! — La faute que j'ai commise, la seule, vous en êtes responsable plus que moi ! — Je n'étais qu'une enfant, sans volonté, sans force, ignorant tout de la vie... Vous m'avez jetée hors du droit chemin en me martyrisant pour m'imposer votre volonté... — Ce passé coupable, — votre œuvre, ma mère ! — je veux, je dois l'oublier. — Je ne m'appartiens plus... je suis la femme honnête et respectée d'un homme honnête et généreux ! — Cet homme a droit à toute mon affection, à toute ma reconnaissance et à tous mes respects... — Donner un souvenir au passé serait une offense pour lui, et cette offense je ne me la pardonnerais pas !

» Eh bien, pour la dernière fois, parlons de ce passé afin que je vous dise pour la première fois ce que depuis si longtemps j'ai sur le cœur !...

» Quand j'ai consenti à épouser M. de Lorbac que je connaissais à peine, et que par conséquent je ne pouvais aimer encore, je l'ai fait à une seule condition posée par vous-même, celle-ci : — Vous me diriez ce que vous aviez fait de Pauline, ma fille !... — Eh ! bien, vous m'avez menti !... Vous m'avez lâchement trompée !... Vous vous êtes jouée de votre serment !... — Croyez-vous qu'on puisse pardonner cela, ma mère ?

» Aujourd'hui le passé est mort.

» A défaut de Pauline j'aime, j'adore Renée.

» J'ai reporté sur elle tous les trésors de tendresse dont mon cœur était plein pour l'enfant que vous m'avez enlevée, que vous avez fait disparaître, que peut-être vous avez tuée !...

En entendant ces mots, madame Daumont frissonna de la tête aux pieds.

— Malheureuse ! — cria-t-elle, — malheureuse !... Qu'oses-tu dire ?

Thérèse poursuivit.

— Ah ! je vous connais, ma mère !... je sais bien

que vous ne m'avouerez jamais la vérité ! Je sais bien que vous entourerez d'éternelles ténèbres ce sinistre passé sans cesse présent à votre esprit, mais dont vous m'avez parlé tout à l'heure pour la dernière fois, je le jure !...

La jeune femme se tut.

Madame Daumont avait écouté sa fille les lèvres blanches, les mains crispées, mais en imposant silence à la fureur qui grondait en elle, fureur mêlée cependant d'une sorte de joie farouche car — (elle en était certaine désormais) — Thérèse ignorait le secret de la naissance de Rose.

— Soit ! — dit-elle d'une voix sombre, après un instant de silence, — je ferai comme toi... j'oublierai le passé, ou du moins je ne t'en parlerai plus... plus jamais... mais tu me jureras que, quoi qu'il arrive, tu imposeras silence à ton cœur...

En entendant sa mère parler ainsi, Thérèse la regarda avec une stupeur épouvantée.

— Quoi qu'il arrive... — répéta-t-elle — qu'entendez-vous par là ? — Est-ce une menace encore, ou voulez-vous m'avertir d'un danger qui pourrait naître et compromettre mon repos et le bonheur de M. de Lorbac ?...

— Il faut tout prévoir dans la vie... — fit sentencieusement madame Daumont.

— Ce danger existe donc ?
— Je n'ai pas dit cela...

— Ma mère, je vous en supplie, ne parlez point par énigmes... Expliquez-vous clairement...

— Eh bien ce danger, quel qu'il soit, en admettant qu'il existe, serait conjuré si tu m'accordais ta confiance entière, si tu te rapprochais de moi, au lieu de t'en éloigner comme tu fais depuis quelque temps.

— Tout à l'heure, ma mère, je croyais voir dans vos paroles des menaces... Maintenant, à coup sûr, il y a des insinuations dont le but évident est de m'épouvanter... — Je vous en supplie de nouveau, ne me cachez rien... — Montrez-moi le péril sans craindre ma faiblesse. — Quand je le toucherai du doigt, je serai forte et je prendrai une décision.

— Je n'insinue rien, et tout à l'heure je ne menaçais point... — répondit la marâtre du ton le plus calme... — J'ai voulu te faire comprendre que dans la vie il faut s'attendre à tout, même aux choses les moins vraisemblables, les plus impossibles en apparence... — Je tiens autant que toi à ce qu'aucun nuage ne vienne obscurcir ton ciel bleu... à ce que ton repos reste complet, et complet aussi le bonheur de ton mari... — Il faut pour cela que rien d'un passé funeste ne se réveille à l'improviste... Nous sommes entourées toutes deux du respect universel... — Grâce à la situation éminente de ton mari nous tenons dans le monde une des premières places... — Nous avons la vie large et même luxueuse... — Nous possédons enfin tout ce qui constitue, sur la terre, la parfaite félicité... — Eh bien ! malheur à celui ou à celle qui viendrait essayer de nous ravir cette félicité si laborieusement conquise ! — Pour celui-là ou pour celle-là je serais sans pitié, je te le jure !... et, toi qui me connais, tu sais si je tiendrais parole !... Tu sais bien cela, n'est-ce pas ?

— Oh ! oui... — murmura Thérèse avec un soupir, — sans pitié !... sans pitié toujours ! Vous me l'avez prouvé !...

— Eh bien ! il suffira de t'en souvenir... — Maintenant, plus de discussion sur ce chapitre et passons à un autre ordre d'idées... — Il paraît que décidément tu as donné suite à ton caprice, et installé ici une institutrice pour Renée...

— Oui, ma mère...

— Tu connais bien la personne à laquelle tu confies la tâche d'achever l'éducation de ta fille ?...

— Je ne la connais pas depuis longtemps, mais je sais de science certaine qu'elle mérite toute ma confiance, toute ma sympathie, et je sais surtout que Rénée aime Rose tendrement et ne pourrait se passer d'elle...

— Ah ! cette jeune fille s'appelle Rose...

— Oui, ma mère.

— Ce n'est que la moitié d'un nom, cela...

— Rose Madoux...

— Madoux, — répéta madame Daumont impassible, — c'est bien vulgaire...

— La mère était une simple paysanne... celle dont nous avons suivi le convoi funèbre il y a quelques semaines... — Rénée s'était prise pour sa compagne de pension d'une amitié si vive, et si bien méritée d'ailleurs, que le chagrin causé par la séparation risquait de compromettre très gravement sa santé... — Le devoir de M. de Lorbac était de remédier au plus vite à cet état de choses inquiétant... Nous l'avons fait en rapprochant de notre fille la pauvre orpheline...

— Vous agissiez dans la plénitude de votre droit, et à cela je n'ai rien à dire... — Si vous avez commis une imprudence, vous en serez seuls responsables...

— En effet... — dit Thérèse en souriant. — J'ajoute que nous acceptons bien volontiers cette responsabilité...

— Et, — reprit madame Daumont, — combien de temps, — (si toutefois ma question n'est point indiscrète !), — comptez-vous garder cette Rose Madoux dans votre maison ?...

— Aussi longtemps qu'elle ne songera point elle-même à nous quitter...

— Toute la vie, alors ! !

— Si elle le désire, oui...

— Cette jeune fille est pauvre ?...

— Sans doute, quoique néanmoins à l'abri du besoin... — Sa mère lui a laissé un petit capital suffisant pour la faire vivre d'une façon modeste mais indépendante... — C'est donc par affection pour Renée et non dans le but de se créer des ressources qu'elle a accepté chez nous la position d'institutrice... — Nous la considérons d'ailleurs bien plus comme une amie que comme une subalterne... — Elle est ici l'enfant de la maison presque autant que son élève, et elle le sait...

— C'est très touchant, parole d'honneur ! — dit madame Daumont d'un ton ironique. — Enfin, ça vous regarde ! — Je la connaîtrai, cette merveille, et nous verrons si je partage l'engouement général...

— Vous le partagerez, ma mère...

— Jusqu'à preuve du contraire, permets-moi d'en douter... — Je souhaite bien vivement d'ailleurs que vous n'ayez point de désillusion...

— Moi, ma mère, je fais mieux que de le souhaiter, j'en suis d'avance absolument certaine.

— Tant mieux !...

Thérèse quitta la chambre de sa mère.

Madame Daumont la suivit du regard.

— Elle ne sait vraiment rien... — murmura-t-elle, — le seul imprudent, le seul coupable en tout ceci, c'est le hasard ! — Pourvu qu'une circonstance imprévue et impossible à prévoir ne vienne pas l'éclairer... — Ce serait sa perte et la mienne, car je la connais bien, elle serait incapable de se contenir, elle se trahirait dès le premier moment, et M. de Lorbac ne pardonnerait pas le silence d'autrefois qu'il regarderait à bon droit comme une trahison!! — Enfin, je veux espérer que les choses ne tourneront pas au drame et qu'il ne me faudra pas agir contre cette fille maudite, vivante incarnation du passé!...

Laissons la marâtre à ses pensées sombres et rejoignons Gaston Dauberive.

Le sculpteur, sous l'influence du somnifère absorbé par lui dès son arrivée à l'hôtel de la rue Saint-Dominique, avait dormi longtemps d'un très profond sommeil.

Lorsqu'il se réveilla, ses regards étonnés se promenèrent sur les objets qui l'entouraient, sur les murailles de la chambre où il se trouvait, qui naturellement ne pouvaient lui rappeler en rien l'intérieur du cabanon où pendant près de vingt années, il avait vécu, — si cela peut s'appeler vivre!

La mémoire des noms et des dates n'existait plus chez lui, nous le savons; — il conservait au contraire la mémoire des faits, d'une façon assez confuse il est vrai, mais avec un peu de tension d'esprit il parvenait à mettre dans ses souvenirs un ordre relatif.

Il se rappela ce qui s'était passé la nuit précédente et s'élança vivement hors de son lit.

Sur un fauteuil se trouvaient des vêtements à sa taille.

Le hideux costume des pensionnaires de la maison de santé avait disparu.

Il s'habilla.

III

Au moment ou Gaston venait d'achever de se vêtir, la porte s'ouvrit et Nicolas, le domestique russe, parut.

L'évadé de Bonneuil fit vivement deux pas à sa rencontre.

— Où est la femme que j'ai vue hier ? — lui demanda-t-il.

— Plus tard, vous la reverrez... — répondit Nicolas. — Je viens de sa part m'informer si vous désirez quelque chose.

— Je veux voir ma fille...

— Ce n'est pas à moi qu'il faut dire cela...

— A qui donc ?

— A madame la comtesse...

— La comtesse... — répeta Dauberive.

— Oui, la personne qui vous est apparue cette

nuit, et dont vous réclamez la présence. — Voici un cabinet de toilette, — ajouta le valet en soulevant une portière et en désignant la pièce voisine... — Vous y trouverez tout ce qui vous sera nécessaire... — Cette petite bibliothèque renferme des livres qui pourront vous distraire... — Madame la comtesse viendra bientôt. — Si en ce moment vous avez besoin de quelque chose, dites-le moi...

— Je n'ai besoin de rien... — J'ai hâte seulement de parler à cette femme que vous appelez la comtesse...

Nicolas quitta la chambre et ferma la porte à clef derrière lui.

Gaston s'approcha de la fenêtre.

Elle donnait sur un jardin planté d'arbres séculaires comme en ont la plupart des vieux hôtels du faubourg Saint-Germain.

Il essaya de l'ouvrir, mais sans pouvoir en venir à bout.

Entrant alors dans le cabinet de toilette indiqué par le valet russe il se trouva en face d'une grande glace, et brusquement rappelé à ses habitudes d'autrefois, oubliées depuis si longtemps, il mit en ordre sa chevelure inculte et la longue barbe blanche tombant sur sa poitrine.

— Ai-je assez souffert ! — murmurait-il ; — ai-je assez vieilli ! — J'ai l'air d'un spectre !... Je dois épouvanter les autres... Je me fais peur à moi-même !

Une demi-heure s'écoula, puis un pas se fit entendre, une clef tourna dans la serrure, la porte s'ouvrit et la comtesse Kourawieff en franchit le seuil.

— Ah ! madame... madame... — s'écria le sculpteur en tendant les mains vers elle, — c'est vous... je vous reconnais !... il est donc bien vrai que je n'ai pas rêvé ! il est donc bien vrai que grâce à vous, la nuit dernière, on m'a enlevé de cette hideuse prison où depuis une éternité j'agonisais !...

— Rien n'est plus vrai... — répliqua la comtesse avec un sourire qui produisit sur l'évadé l'effet d'un rayon de soleil.

— Et je suis libre ? — poursuivit-il.

— Vous êtes libre.

— Ainsi je serai désormais seul maître de mes actions... je pourrai sortir à ma guise... aller chercher ma fille ?...

— A ceci je répondrai tout à l'heure.

Le visage de Gaston s'assombrit.

La comtesse poursuivit :

— J'ai dit : — *Vous êtes libre !* — Je le répète... — S'il vous plaît d'errer dans Paris, vous en êtes le maître... — Les portes s'ouvriront devant vous et personne ne s'opposera à l'accomplissement de vos volontés... — Seulement vous me laisserez bien vous donner un conseil d'amie, celui de ne pas profiter, quant à présent du moins, de la liberté qui vous est rendue...

— Pourquoi donc ? — murmura Gaston effaré.

— D'abord, où iriez-vous ? — Depuis près de vingt ans que vous l'avez quitté, pensez-vous retrouver votre atelier de la rue Bochard-de-Saron?... Pensez-vous qu'on ait gardé votre maisonnette de Montgrésin prête à vous recevoir ?

» Que ferez-vous?...

» Vous avez conservé la mémoire des faits et des lieux, mais la mémoire des noms est éteinte chez vous... — Sans moi vous ne pouvez rien entreprendre, pas même commencer des recherches...

» J'ajouterai que, si vous voulez rester libre, la plus élémentaire prudence vous ordonne de ne vous montrer nulle part pendant quelque temps car, sans le moindre doute, le directeur de la maison de santé où vous étiez emprisonné vous fait rechercher activement...

Gaston, frissonnant, courba la tête.

Madame Kourawieff continua :

— Bien des choses se sont passées rue Bochard-de-Saron depuis que vous êtes prisonnier... — Le loyer n'étant plus payé, vos meubles ont été vendus... La maison a changé deux fois de propriétaire... Trois concierges se sont succédé... — A Mongrésin, la maîtresse de l'auberge et son mari sont morts. Aucune trace de votre passage n'existe dans ce hameau.

— Mais ma fille? ma fille?...

— Pas plus de traces d'elle que de sa mère...

— Sa mère! — répéta Gaston en joignant les mains, — sa mère... — Oh! ne dois-je pas la maudire? — N'a-t-elle pas fait cause commune avec mes ennemis?

— Souvenez-vous de son nom...

L'évadé de Bonneuil prit sa tête entre ses mains et fit un prodigieux effort.

Ce fut en vain.

— Oh! la mémoire... la mémoire... — balbutia-t-il avec une sourde colère. — Est-elle donc endormie pour toujours?... Ne pourrai-je pas la réveiller?... — Mais enfin pourquoi vous êtes-vous intéressée à moi?... Pourquoi m'avez-vous rendu libre?... Comment avez-vous su mon malheur? Qui vous a dit qui j'étais? Où j'étais?... Qui êtes-vous vous-même, et à quoi bon m'arracher de ma prison, de mon tombeau, si je ne dois rien retrouver de ce que j'aimais?... — N'aurait-il pas mieux valu me laisser végéter et m'éteindre dans l'ombre?

— Je m'attendais à ces questions... — fit la pseudo grande dame, je vais vous satisfaire. — Je suis la comtesse Kourawieff.

— Ce nom de Kourawieff, il me semble ne pas le connaître... — l'ai-je entendu prononcer jadis?

— Jamais... — je n'étais pas encore en France il y a vingt ans... — je suis veuve... — j'ai un fils unique qui héritera à ma mort des grands biens laissés par mon mari... — Autrefois j'avais connu la pauvreté, j'avais beaucoup souffert, et de ce temps lointain il m'est resté au cœur un immense amour pour ceux qui sont pauvres... pour ceux qui souffrent...

— C'est bien, cela !... c'est beau !... c'est généreux — murmura Gaston très remué par ces phrases hypocrites.

La comtesse fit asseoir l'évadé de Bonneuil, prit elle-même un siège en face de lui et poursuivit :

— Les paroles ne sont rien sans les actes... — Je résolus donc de faire un noble usage de ma richesse en soulageant toutes les infortunes que je rencontrerais sur ma route... — Cela seul suffirait à expliquer l'intérêt que j'ai pris, que je prends à vous, mais cela ne vous explique point comment j'ai connu vos aventures et vos malheurs...

— En effet, madame...

— Et, cela, je vais vous l'apprendre...

— Oh ! parlez, madame... Parlez vite !

— Pendant mon mariage j'ai beaucoup voyagé en compagnie du comte Kourawieff. J'ai parcouru successivement l'Europe, l'Amérique et les Indes... C'est dans ce dernier pays que j'ai eu l'immense douleur de perdre mon mari, et là aussi que je me suis rencontrée avec un de vos compatriotes qui s'appelait Paul Gaussin...

Gaston tressaillit.

— Paul Gaussin... — murmura-t-il, — Paul

Gaussin... — j'ai entendu ce nom, j'en suis sûr...

— Il doit vous frapper, en effet... — reprit la comtesse. — Comment ne vous rappeleriez-vous pas l'ami de votre jeunesse... le confident de vos amours ?...

Le sculpteur, à deux reprises, passa les mains sur son front, comme pour écarter violemment le nuage qui sans cesse obscurcissait ses souvenirs.

Tout à coup il poussa une exclamation de joie.

— Ah ! je me souviens ! je me souviens ! — fit-il. — Paul Gaussin... mon meilleur, mon seul ami...

— Le parrain de votre fille...

— Oui... oui... le parrain de ma fille... Que fait-il ?... Où est-il aujourd'hui ?

— Il est mort... — répondit madame Kourawieff.

— Mort !... — répéta Dauberive d'une voix sourde.

— Depuis quelques mois.

L'évadé de Bonneuil baissa la tête.

Deux grosses larmes coulèrent sur ses joues.

La comtesse poursuivit :

— Il était devenu mon ami... — C'est moi qui lui fermai les yeux... Bien souvent il me parlait de vous pendant sa maladie... il me dit votre mutuelle affection... Il me raconta que depuis son arrivée aux Grandes-Indes il était resté sans nouvelles de vous, ne recevant aucune réponse à ses lettres et, malgré toutes les recherches ordonnées par lui, ne pouvant savoir ce que vous étiez devenu...

— Pauvre ami !... fidèle ami !... — balbutia Gaston.

— C'est alors qu'il me fit promettre, qu'il me fit jurer de vous chercher, moi aussi, lorsque je rentrerais en France, et de vous attester que sa dernière pensée et sa dernière parole avaient été pour vous...

La physionomie de Gaston, triste mais calme jusqu'à ce moment, prit tout à coup une expression d'égarement.

— Et moi... moi ingrat... je l'avais oublié ! — s'écria-t-il. — Depuis le jour maudit où mes malheurs ont commencé, je n'ai plus pensé qu'à une chose... toujours la même... et puis... j'ai été fou...

Il ajouta, en prenant sa tête dans ses mains avec un geste de désespoir :

— Les misérables m'avaient volé ma raison, volé, volé, volé !...

— Calmez-vous, — commanda madame Kourawieff inquiétée par ce commencement de crise, — calmez-vous !... Obéissez, sinon...

— Oui... oui... — bégaya le sculpteur, secoué par un tremblement nerveux — j'obéis... je suis calme... Parlez encore... parlez-moi de Paul Gaussin...

— Soit ! Ecoutez-moi donc... — De retour en France, munie de toutes les notes que votre ami m'avait remises afin de me guider, j'allai rue Bochard-de-Saron, à la maison que vous habitiez autrefois...

— Je me souviens... je me souviens....

— Ma démarche fut inutile, je vous l'ai déjà dit...
— On ignore même votre nom dans cette maison... Je me rendis alors à Montgrésin mais là, comme à la rue Bochard-de-Saron, je ne pus rien apprendre...

— Rien... — répéta Gaston les dents serrées.

— Rien...

— Ainsi ma fille ?... sa mère ?...

— Disparues en même temps que vous, et introuvables comme vous...

— Mais alors qui donc vous a renseignée? qui donc vous a mis sur ma trace ?...

— Une vieille femme questionnée par moi à la Salpêtrière, car partout je poursuivais mon enquête... — Cette femme, autrefois votre concierge, m'affirma qu'elle avait entendu dire que vous étiez devenu fou et qu'on vous avait enfermé dans une maison de santé...

» A partir de ce moment mon enquête devint plus facile... — Je ne cherchais plus absolument au hasard... Je tenais un fil conducteur...

» Mon nom, ma situation dans le monde, ma fortune surtout, me permettaient de me renseigner partout et de donner la parole aux muets...

» Je ne tardai point à apprendre qu'un homme portant votre nom était depuis de longues années pensionnaire ou plutôt prisonnier du docteur Sardat.

— Un geôlier !... Un bourreau !... — interrompit Gaston.

— M'introduire personnellement dans cette maison, interroger moi-même, était chose impossible... — j'aurais, dès les premières questions, éveillé la défiance... — C'est alors que me vint l'idée d'y faire entrer, comme gardien, un homme à moi... C'est celui qui vous a tiré de cet enfer...

— Ah ! madame, pourrai-je jamais vous témoigner ma reconnaissance ?

— Vous le pourrez.

— De quelle manière ?

— Pour le moment, il est inutile de vous l'apprendre. — Sachez seulement qu'un jour j'aurai quelque chose à vous demander... — Ce que je vous demanderai, me l'accorderez-vous ?...

Gaston prit les mains de la comtesse et les appuya contre ses lèvres avec une sorte de religieuse extase.

— Pouvez-vous douter de moi ? — fit-il ensuite. — Vous m'avez rendu la liberté... Vous me rendrez, ou du moins vous essayerez de me rendre tout ce que j'aime !... vous m'aiderez à me venger des infâmes qui de mon existence ont fait un long supplice... qui m'ont torturé... qui m'ont rendu fou !...

— Je vous dois tout, madame, et quelle que soit la chose que vous me demandiez, si elle dépend de moi, je vous jure qu'elle sera faite !

— C'est bien, mon ami, je vous crois... — A présent, je n'exige de vous qu'une seule chose...

— Laquelle?

— C'est que vous soyez calme, prêt à obéir non à mes ordres mais à mes conseils, et que vous travailliez sans cesse à reconstituer les souvenirs du passé... — Vous me raconterez, en ne négligeant aucun détail, à la suite de quels événements vous avez été enfermé... — Pour retrouver votre enfant, pour retrouver la mère de votre enfant et vos persécuteurs, il faut que je sache tout, absolument tout... — Vous comprenez cela, n'est-ce pas?

— Oui... oui... je le comprends...

— Je vais d'abord vous adresser quelques questions...

— J'y répondrai de mon mieux...

— Comment s'appelait la jeune femme que vous aimiez... qui partageait votre solitude de Montgrésin... qui vous a donné une fille? Vous souvenez-vous de son nom?

Gaston secoua tristement la tête.

— Hélas! — murmura-t-il. — Ce nom jadis si cher... et qui pourrait le redevenir encore si le doute qui me torture était dissipé, je ne le sais pas... je ne le sais plus...

— Cette jeune femme avait une famille?

— Oui... son père... sa mère... Ce sont eux qui m'ont fait tant de mal... Ce sont eux qui m'ont perdu...

— Et vous avez oublié leur nom ?...

— Comme celui de leur fille... Comme tous les autres... oui...

— Cherchez... faites un effort...

— C'est inutile... j'ai tant cherché déjà... je ne trouverai pas...

— Reconnaîtriez-vous du moins la maison qu'ils habitaient ?

— Oui... oui... quant à cela j'irais les yeux fermés...

— C'était à Paris ?

— A Paris, oui...

— Dans quel quartier ?

— Juste en face de la maison que j'habitais moi-même... De mes fenêtres je voyais les leurs...

— Des fenêtres de votre dernier logement ?

— Oui.

— Rue Bochard-de-Saron, alors ?...

Gaston fit un signe affirmatif.

La comtesse reprit :

— Vous pourriez me conduire à cette maison ?

— Quand vous voudrez... — Tout de suite.

— Non, plus tard... — apprenez-moi d'abord si vous avez connu un certain docteur Loizet...

— Loizet... — répéta Dauberive.

Puis, après quelques secondes de profonde réflexion, il répondit :

— Je ne connaissais pas cet homme... Je suis certain de n'avoir jamais entendu prononcer ce nom...

— Avez-vous été en rapport autrefois avec des gens de police ?

— Des gens de police... — répliqua le sculpteur d'un ton farouche, — je n'en ai jamais connu... jamais ! jamais !...

— Soyez calme, mon ami, et maintenant que je n'ai plus de questions immédiates à vous adresser, racontez-moi l'histoire de vos amours et les faits qui ont précédé votre séquestration à la maison de santé de Bonneuil, enfin tout ce dont vous vous souvenez.

— Oui — s'écria Dauberive, le visage animé, les yeux étincelants, — je vous raconterai tout... du moins tout ce que je n'ai pas oublié, car ma pauvre tête est bien faible et ma mémoire bien chancelante... — J'ai tant souffert ! — Aidez-moi...

— Je vous aiderai le plus que je pourrai, et à nous deux nous viendrons à bout de reconstituer le passé... — Voyons, rassemblez vos souvenirs et parlez... je vous écoute...

L'évadé de Bonneuil passa de nouveau ses mains sur son front.

Ses yeux prirent une fixité étrange.

On aurait pu croire qu'il regardait au dedans de lui.

— C'est bien loin... bien loin, tout cela... — murmura-t-il au bout de quelques secondes, — et cependant je me souviens... je vois... je vois comme à travers un nuage...

Alors, d'une voix lente, hésitante, il commença le récit de son amour pour Thérèse Daumont, pour cette jeune fille qu'il ne pouvait désigner autrement que par le mot : ELLE, car le nom de celle qu'il avait aimée, qu'il avait maudite, se croyant trahi et livré par elle, et que cependant il aimait encore, ne pouvait venir à ses lèvres...

De même quand il parlait d'Eugénie Daumont, de la marâtre, il l'appelait : LA MÈRE.

IV

Aucune des particularités du drame de sa jeunesse, du drame joué vingt années auparavant, n'échappaient à Gaston Dauberive.

Les moindres faits se déroulaient dans leur ordre, l'un après l'autre, semblant sortir des ténèbres pour se trouver tout à coup éclairés par une lueur inattendue.

Au bout de plus d'une heure, les tempes baignées d'une sueur froide, les mains agitées d'un tremblement nerveux, Gaston en arrivait au moment terrible de son entrée dans le logis de LA MÈRE, à l'instant tragique où tous ceux qui l'entouraient, tournant vers lui leurs bras tendus, disaient l'un après l'autre : *Cet homme est fou !* et où Thérèse elle-même apparaissait, pareille à un fantôme enveloppé d'un suaire, et levant la main comme les autres disait à son tour en le désignant : — *Cet homme est fou !*

— Il me semble les entendre, — murmura Gaston en achevant, brisé de fatigue, — il me semble les entendre encore, toutes ces voix répétant : — *Cet homme est fou !...*

« En ce moment il me sembla que le plancher se dérobait sous mes pieds... — Des flammes passèrent devant mes yeux... — des bruits bizarres remplirent mes oreilles... — mes mains cherchèrent un appui qu'elles ne trouvèrent pas...

Je m'abattis, sans connaissance...

« Quand je rouvris les yeux, quand je revins à moi, j'étais dans un cabanon, les bras martyrisés par la camisole de force, et il y avait autour de moi des figures inconnues répétant comme chez LA MÈRE : — *Cet homme est fou !*

« Et pendant des années j'ai vécu, — si c'est vivre !... — avec ces souvenirs...

« Tous ils disaient que j'étais fou... — Comment ne le serais-je pas devenu ?

« Oui, j'ai été fou, je le sais bien... — Mais je sais bien aussi que je ne le suis plus !

Quand Gaston Dauberive eut achevé, il se leva.

Ses yeux devenaient hagards, — son visage se contractait, — des tressaillements agitaient son corps.

Une crise violente, — donnant un démenti sinistre à ses dernières paroles, — semblait inévitable.

La comtesse, effrayée des suites possibles de cette crise, appela Nicolas.

Le valet russe accourut aussitôt et, saisissant les poignets de l'évadé de Bonneuil, il le contraignit à l'immobilité, tandis que madame Kourawieff lui faisait boire quelques gouttes d'une potion préparée à l'avance.

L'effet ne se fit point attendre.

Au bout d'un temps très court toute trace d'agitation disparaissait.

La crise menaçante était conjurée.

— Reposez-vous un instant, mon ami... — commanda la comtesse en conduisant l'évadé de Bonneuil auprès d'un large divan pouvant servir de lit de repos, puis, s'adressant à Nicolas, elle ajouta : — Donnez l'ordre d'atteler, je vais sortir...

Ensuite elle quitta la chambre avec le valet russe.

Pour madame Kourawieff une chose évidente, indiscutable, résultait du récit de Gaston Dauberive.

Cette chose était la certitude que le malheureux avait donné tête baissée dans un piège tendu par la famille de celle qu'il aimait dans le but de sauvegarder l'honneur de la fille séduite, d'effacer toute trace de la faute commise en en supprimant le complice, et enfin sans doute de rendre possible un mariage avec quelque homme riche, ignorant le passé.

C'était pour atteindre ce but qu'avait été commis le crime odieux de séquestration légale, d'internement déloyal équivalent au meurtre sinon d'un corps, du moins d'une âme, d'une intelligence.

Il ne s'agissait que de découvrir la famille coupable du crime.

Une fois cette famille découverte, la comtesse, avec les armes qu'elle tenait, serait maîtresse de la situation et n'aurait point de peine à mettre la main sur l'enfant héritière des millions de Paul Gaussin.

Seulement, où chercher la famille?

Selon Gaston Dauberive elle avait habité tout près de lui, cette famille, lorsqu'il habitait lui-même la rue Bochard-de-Saron.

Il fallait que l'évadé de Bonneuil désignât la maison.

Pourrait-il le faire?

Nicolas vint annoncer que le coupé était attelé et attendait auprès du perron.

Tout en réfléchissant à ce qui venait de se passer entre elle et Gaston Dauberive et en tirant les conséquences indiquées par nous, la comtesse s'était habillée, elle avait mis son chapeau et ses gants.

Elle passa dans l'appartement du sculpteur.

— Nous sortons — lui dit-elle — venez...

— Où allons-nous? — demanda-t-il.

— Chercher la trace de vos persécuteurs.

— Oh! allons!... allons vite!

Et les yeux de Gaston lançaient de véritables éclairs.

Le domestique russe lui tendit un chapeau et lui

offrit son bras sur lequel il s'appuya pour descendre et gagner le coupé où il prit place à côté de madame Kourawieff.

Le cocher reçut des ordres et la voiture partit.

Au bout d'un temps très court elle arrivait avenue Trudaine, en face de la rue Bochard-de-Saron, où elle s'arrêta.

Madame Kourawieff mit pied à terre.

Dauberive la suivit.

Il jeta les yeux autour de lui et reconnut à l'instant même l'endroit où il se trouvait.

— C'est là que j'avais mon logement et mon atelier... — dit-il en désignant l'immeuble portant le numéro 2, — et voilà la maison qu'ELLE habitait, ELLE... — ajouta-t-il en se retournant pour indiquer la maison d'en face... — Cette fenêtre était celle de sa chambre...

— A quel étage? — demanda la comtesse.

— Là haut... premier... second... troisième... au troisième étage...

— Mais le nom? le nom de cette jeune femme? En face de cette demeure qui était la sienne, vous le rappelez-vous?

Gaston fit un signe négatif.

— Venez avec moi... — reprit madame Kourawieff.

Il la suivit.

Tous les deux entrèrent dans la maison de l'avenue

Trudaine et la comtesse se dirigea vers la loge du concierge.

Au moment où elle allait l'atteindre, Gaston l'arrêta.

— Ce n'est pas ici... — fit-il vivement.

— Vous êtes-vous donc trompé de maison?

— Non... mais ce n'est pas ici que j'ai été arrêté...
— Les parents avaient déménagé...

— Où demeuraient-ils?

— Là-bas... passé les ponts...

— De l'autre côté de l'eau?

— Oui.

— Comment s'appelait la rue?

— Pourquoi me le demandez-vous? Vous savez bien que je ne sais pas... que je ne sais plus...

— A pied me conduiriez-vous à cette rue? à cette maison?

— Je le crois.

— Bien... — attendez... — Il faut toujours prendre ici des informations, en admettant qu'on puisse en donner.

Le concierge, voyant deux personnes arrêtées et causant dans le vestibule de l'immeuble dont il avait la garde, sortit de sa loge.

— Que désirez-vous, madame? — demanda-t-il en s'adressant à la comtesse.

— Un simple renseignement... — Et madame Kourawieff expliqua qu'elle désirait savoir le nom d'un ménage qui habitait en 1867 le troisième étage.

La réponse fut bien simple.

Depuis 1867 la maison avait changé trois fois de propriétaires, quatre fois de concierges, et les locataires s'étaient sans le moindre doute renouvelés bien plus souvent encore.

— Nous n'apprendrons rien ici... — dit Gaston — venez, venez...

Il entraîna sa compagne et voulut se diriger à pied vers l'intérieur de Paris.

— Remontons en voiture... — fit la comtesse.

— Non... suivez-moi... je vous conduirai.

Madame Kourawieff répéta son injonction.

Dauberive résista.

Son visage exprimait une grande exaltation. — Comme au moment de quitter l'hôtel de la rue Saint-Dominique une crise semblait imminente.

— Prenez garde! — lui dit la complice de Jarry d'une voix basse et menaçante en lui saisissant le poignet. — Si vous me désobéissez je vous abandonnerai, et non seulement vous ne retrouverez jamais ni votre amie, ni votre enfant, mais encore vous retomberez dans les mains du docteur Sardat, et vous savez ce qui vous attend à la maison de santé de Bonneuil!...

Gaston frissonna de tout son corps.

— Oh! grâce... grâce! — balbutia-t-il en joignant les mains.

— Obéissez, alors!...

— Oui... oui... j'obéirai... Je vous le promets...

Et il s'élança dans la voiture.

Madame Kourawieff avait trouvé un moyen infaillible de dompter l'évadé.

La peur de voir se refermer sur lui la porte du cabanon sinistre où il avait tant souffert le rendait tremblant et docile comme un enfant.

La comtesse donna l'ordre à son cocher de gagner la place du Carrousel, puis les quais et de s'arrêter à l'entrée du Pont-Royal, ce qu'il fit.

Elle mit à terre, fit descendre Gaston et lui dit :

— C'est d'ici que vous allez me guider... — Regardez et souvenez-vous...

Dauberive jeta un long regard autour de lui, s'efforçant de reporter aux choses d'autrefois sa mémoire affaiblie et de ressouder les anneaux de la chaîne brisée qui liait le passé au présent.

Mais le bruit, le mouvement, qui l'enveloppaient et dont il avait depuis si longtemps perdu l'habitude, troublaient tous ses sens et ajoutaient au désordre de son cerveau.

Madame Kourawieff l'observait avec une attention inquiète.

Tout à coup elle le vit tressaillir comme sous un choc imprévu, tandis qu'un éclair s'allumait dans ses yeux jusqu'à ce moment vagues et incertains.

— Que se passe-t-il dans votre esprit ? — lui demanda-t-elle. — Vous reconnaissez-vous ?

— Oui... oui... — répondit-il, — c'est là qu'il faut passer... voilà le chemin qu'il faut prendre...

Et sa main étendue désignait le pont Royal et l'entrée de la rue du Bac.

— C'est de ce côté qu'habitaient les parents de votre amie? — reprit la comtesse. — C'est là que vous êtes tombé dans les mains de vos ennemis?

— Oui... — venez...

— Eh bien! allons...

Madame Kourawieff fit signe à son cocher de suivre au pas, prit le bras de Gaston, et le forçant à modérer son allure lui dit à demi-voix :

— Pas si vite!... — Il ne faut attirer l'attention de personne... — Si vous conserviez cette marche inégale, saccadée, les passants se demanderaient depuis quand on laisse les gens mal équilibrés se promener librement dans les rues...

Le sculpteur fit sur lui-même un violent effort et sa démarche devint à peu près régulière.

Nos deux personnages traversèrent le pont Royal et s'engagèrent dans la rue du Bac.

Gaston ne témoignait aucune hésitation, aucun embarras, — il allait droit devant lui, en homme qui sait parfaitement où il va.

Parvenu à l'endroit où la rue du Bac se croise avec la rue de Verneuil, il s'arrêta court.

— Ne vous reconnaissez-vous plus? — demanda la comtesse.

— Si! je me reconnais... c'est là...

Et, tournant à gauche, Dauberive devenu très

3.

pâle, une flamme sombre au fond des yeux, se remit à marcher.

Brusquement il fit halte de nouveau.

On se trouvait en face de la maison portant le numéro 17.

— Sommes-nous arrivés? — reprit madame Kourawieff.

— C'était là... — murmura Gaston, dont les traits exprimèrent une stupeur profonde.

— Eh bien! entrons...

— C'était là... Mais ce n'est plus là... Tout est changé... la façade... la porte...

— Vous vous serez trompé...

— Non... — C'était là que je suis venu pour la chercher... C'était là qu'ils ont dit : — *Cet homme est fou!*... — C'était là qu'ils m'ont arrêté... — Je reconnais les maisons voisines... Je ne reconnais pas celle-là...

— Elle est, en effet, de construction postérieure à la catastrophe qui vous a frappé... — fit la comtesse, — je lis sur cette pierre, au-dessus de la porte, le nom de l'architecte : *A. Mercier*, et la date 1872... — Entrons et informons-nous...

V

Le résultat des informations fut d'apprendre à madame Kourawieff que la maison portant le numéro 17 avait été incendiée en mai 1871 par les communards, au moment de l'entrée des troupes de Mac-Mahon dans Paris, et le propriétaire fusillé ainsi que ses concierges.

L'année suivante un héritier du propriétaire avait fait reconstruire l'immeuble.

Tous les locataires étaient installés depuis peu de temps.

— Rien !... nous ne saurons rien ! — murmura la comtesse avec découragement.

Elle rejoignit son coupé qui stationnait dans la rue à quelques pas de là, y fit monter Gaston et donna l'ordre au cocher de retourner à l'hôtel de la rue Saint-Dominique.

L'ancienne espionne des Prussiens marchait de déconvenue en déconvenue.

Les obstacles auxquels on se heurtait en cherchant à trouver la trace de la fille du sculpteur devenaient insurmontables.

L'évadé de Bonneuil ayant perdu la mémoire des noms d'une façon complète et qui semblait définitive, rendait tout impossible.

Cependant la comtesse ne désespérait pas encore.

Elle voulait faire une dernière tentative avant de recourir au moyen suprême et dangereux d'assurer à son fils Serge la possession de l'héritage de Paul Gaussin.

Ce moyen, nos lecteurs le connaissent déjà.

C'était de faire accepter à Gaston Dauberive comme sa fille une étrangère à qui des pièces adroitement falsifiées, et des apparences groupées avec art, constitueraient une identité factice.

Arriver à ce résultat n'offrait rien d'impossible ni même d'embarrassant pour une femme d'intrigue doublée de Saturnin Rigault et de Félix Jarry, mais avant d'en arriver là, elle tenait à ce que la dernière lueur d'espérance fût définitivement éteinte.

Il fallait surtout attendre que Félix Jarry eût continué pendant quelque temps sa surveillance dans la maison de santé du docteur Sardat.

L'ex-forçat venait, en menant à bien d'une façon brillante l'évasion de Gaston Dauberive, de prouver non seulement qu'il savait combiner un plan, mais encore l'exécuter.

Bref il inspirait à madame Kourawieff une confiance absolue.

— Un jour ou l'autre, — se disait-elle, — Sardat devra faire connaître aux intéressés la fuite de son pensionnaire... — Ils accourront à Bonneuil et Jarry est bien trop habile pour ne voir en eux que des visiteurs indifférents...

Et sans trop d'impatience, elle attendit.

Quoique sa blessure n'eût point de gravité réelle Jarry, forcé de garder la chambre et même le lit pendant quelques jours, avait dû abandonner la direction du service à Rigal, son sous-chef.

Une assez forte fièvre était survenue, mais grâce aux soins dont on l'entourait et à sa constitution vigoureuse, cette fièvre dura peu.

Rigal, qui professait pour lui beaucoup de déférence, lui faisait un rapport quotidien des moindres choses se produisant dans la maison de santé.

Bref Jarry, quoique momentanément il ne donnât plus les ordres d'une façon directe, restait en réalité maître du service, et tout se passait selon ses volontés dont son subordonné devenait le docile exécuteur.

Une fois par jour le docteur Sardat visitait son gardien-chef.

Celui-ci, — nos lecteurs doivent le comprendre sans peine, — avait hâte de connaître ce qui se passait à Paris, à l'hôtel de la rue Saint-Dominique.

Le rôle qu'il avait joué, qu'il jouait encore, ne pouvait tarder à prendre fin.

Il s'agissait de millions dont une partie quelconque devait lui revenir.

Les chances plus ou moins grandes de réaliser à bref délai la fortune attendue et espérée, le préoccupaient énormément.

Bref, son idée fixe était de revoir et de questionner la comtesse, aussi, lors de la quatrième visite du docteur Sardat, lui dit-il :

— Monsieur le directeur, mes forces reviennent.. — Ne pourrais-je pas sortir un peu ? Il me semble que cela me ferait beaucoup de bien...

— Je le crois comme vous, mon cher Michel... — répondit Sardat. — Un exercice modéré ne peut que vous être salutaire... — Sortez donc, mais soyez raisonnable... Ne vous fatiguez pas... — Je vous recommande surtout une sobriété absolue. — La fièvre vous a quitté... il ne faut pas qu'elle revienne...

— Puis-je aller jusqu'à Paris ?... — J'ai des parents que je désirerais voir...

— Allez à Paris, mais souvenez-vous d'une des principales règles de la maison... — Personne ne doit savoir au dehors ce qui se passe ici...

— Monsieur le directeur peut compter sur ma discrétion... — Je connais mes devoirs professionnels...

— Je le sais... — Profiterez-vous de mon *exeat* dès aujourd'hui ?

— C'est mon intention...

— Ménagez-vous et ne rentrez pas tard.

— Je serai de retour avant la nuit.

Aussitôt que le docteur l'eut quitté Jarry s'habilla, sortit de la maison de santé et alla prendre le train.

Son premier soin en arrivant à Paris fut de se rendre pour y changer de vêtements à son domicile de la rue Saint-Placide, ne voulant pas se présenter chez la comtesse Kourawieff sous son uniforme de gardien-chef de la maison de Bonneuil.

La plus élémentaire prudence lui recommandait cette précaution.

Dès qu'il eut remplacé son habit gris de fer à boutons argentés par un vêtement civil, l'ex-forçat se présenta à l'hôtel de la rue Saint-Dominique.

Nicolas le domestique russe l'annonça.

La comtesse attendait sa visite avec impatience.

Elle fit un mouvement de surprise en le voyant entrer le bras en écharpe, et le visage pâle et amaigri par quelques accès de fièvre.

— Blessé ! — s'écria-t-elle.

— Oui, blessé à votre service, — répondit-il — et il s'en est fallu de bien peu de chose que la blessure soit mortelle ! — J'espère que vous m'en tiendrez compte quand il s'agira de me verser la somme promise sur l'héritage de Paul Gaussin, et que vous en grossirez le chiffre...

— Qu'est-il donc arrivé ?

Jarry raconta de quelle façon il avait failli être victime de son dévouement aux intérêts de sa complice.

Madame Kourawieff n'avait assurément point le cœur tendre, excepté pour son fils Serge.

Elle n'aimait Jarry que comme instrument, mais cet instrument lui étant utile, et même indispensable, elle ne put s'empêcher de frissonner en songeant au péril qu'il avait couru.

— Et là-bas, que se passe-t-il ? — demanda-t-elle.

— Rien absolument qui soit de nature à nous inquiéter...

— Que dit et que pense le docteur Sardat ?

— Je ne sais pas ce qu'il pense, mais je sais qu'il ne dit rien...

— A-t-il donc gardé le silence sur l'évasion ?

— Religieusement.

— La police n'a point été prévenue ?

— Non.

— Cela prouve que Sardat a peur...

— Il a peur, sans le moindre doute... — Gaston Dauberive a été victime d'une séquestration illégale déjà fort ancienne, mais pour laquelle il n'y a point de prescription, puisqu'elle se prolongeait encore il y a huit jours. — La justice pourrait très bien de-

mander des comptes à ce sujet au directeur de la maison de santé de Bonneuil. — Le premier mouvement de Sardat a été de mettre son monde en campagne et de faire chercher partout le fugitif...
— La réflexion a calmé ce beau zèle. — Il s'est contenté d'une enquête intérieure sur la manière dont s'était opérée l'évasion... enquête qui n'a donné d'ailleurs que des résultats négatifs...

— N'a-t-il pas prévenu les gens intéressés à l'internement de Gaston Dauberive?... ceux qui ont commandé et payé cet internement?

— J'affirmerais volontiers le contraire.

— Qu'attend-il alors?

— Que les intéressés se présentent, soit pour opérer le versement annuel, soit pour tout autre motif; alors il leur apprendra sans doute que l'oiseau n'est plus dans la cage, et ils chercheront l'évadé si le cœur leur en dit.

— En admettant même qu'ils le cherchent — (ce qui n'est point prouvé!) — voilà qui nous donne le temps d'agir...

— A coup sûr!... et maintenant que je n'ai plus rien à vous apprendre, permettez-moi de vous questionner à mon tour... — Depuis plus d'une semaine Gaston Dauberive est près de vous... — Qu'avez-vous fait?

— Tout ce qu'il était possible de faire pour découvrir le nom de la jeune femme avec laquelle il vivait à Montgrésin, et pour trouver la piste de sa fille, l'héritière de Paul Gaussin.

— Et qu'avez-vous découvert ?

— Rien.

— L'évadé de Bonneuil vous est donc inutile.

— Absolument inutile jusqu'à présent, car la mémoire des noms lui fait défaut plus que jamais...

— En face de cet état de choses, quels projets avez-vous formés ?

— Je cherche... — Je ne me suis arrêtée encore à aucun des moyens qui se sont présentés à mon esprit.

— Il faut se hâter, cependant...

— Eh ! je le voudrais, mais de quelque côté que je me tourne, je me heurte à des difficultés qui semblent insurmontables... — Je comptais beaucoup sur toi... je pensais qu'étant dans la maison de santé de Bonneuil, investi de la confiance du directeur, tu parviendrais à savoir ce que, moi, je n'ai pu découvrir, le nom des gens qui ont fait séquestrer Gaston Dauberive...

— Je l'espérais aussi, et non moins que vous je suis déçu.

— As-tu entendu le docteur parler de l'état mental de son prisonnier ?

— Oui.

— Que disait-il ?

— Rien de précis, et pourtant j'ai cru comprendre

que placé dans de certaines conditions le fou pourrait recouvrer complètement la raison.

— Et la mémoire?

— Il est logiquement permis de supposer que, la raison revenant, la mémoire reviendra en même temps qu'elle...

— Si cela pouvait être, nous deviendrions les maîtres de la situation... — Les noms que nous avons intérêt à connaître revenant dans ses souvenirs s'échapperaient de ses lèvres. Nous saurions quelle est la mère, et par la mère nous arriverions à découvrir la fille... si elle existe.

— Et, si elle n'existe plus?

— Nous verrions à prendre le second parti, dangereux il est vrai, mais dont la réussite serait presque certaine...

— Vous parlez de créer de toutes pièces une identité vraisemblable?....

— Il faudrait bien en arriver là... à moins de renoncer à tout.

— Renoncer à des millions, jamais! — s'écria Jarry. — Supposez-vous, — ajouta-t-il, — que la maîtresse de Dauberive ait été complice de la séquestration dont il était victime?

— Le récit de ce malheureux, dans son incohérence, le ferait supposer...

— C'est possible, mais non prouvé... Il faudrait avoir à cet égard une certitude...

— Puisque le docteur Sardat paraît admettre la possibilité d'une guérison, je vais tout mettre en œuvre pour guérir Gaston Dauberive... Si je réussis, il parlera.

— Et moi, que dois-je faire?

— Retourner à Bonneuil et, jusqu'à nouvel ordre, surveiller de très près tout ce qui se passera dans la maison de santé... Toi seul peux savoir quels sont les gens qui viennent voir le docteur, et quel est le but de leur visite...

— Je resterai donc encore un peu de temps gardien-chef, puisqu'il le faut absolument... — L'évadé vous donne-t-il beaucoup de mal?... Est-il obéissant?

— Pour le calmer, pour le voir devenir souple et docile comme un enfant, il suffit de la promesse de lui rendre sa fille...

— Eh bien! nous la lui rendrons... vraie ou fausse...

Jarry quitta sa complice.

Deux heures plus tard il rentrait à la maison de santé de Bonneuil.

Madame Kourawieff, restée seule et réfléchissant à l'entretien qui venait d'avoir lieu, se dit ou plutôt se répéta :

— Gaston Dauberive peut recouvrer la raison, donc il faut la lui rendre, donc on la lui rendra!

Et, prenant une feuille de papier à lettre armorié elle écrivit rapidement les lignes suivantes :

« Cher docteur,

» Voulez-vous solliciter pour moi de madame de
» Lorbac la permission d'aller prendre ce soir avec
» elle une tasse de thé?

» Si ma requête est agréée je demanderai, à
» vous personnellement, cinq minutes d'entretien.

» Souvenirs affectueux et sentiments dévoués. »

Elle signa, mit sous enveloppe, et sur l'enveloppe traça cette adresse :

« *Monsieur le docteur de Lorbac, en son hôtel, rue Linné.* »

VI

Madame Kourawieff frappa sur un timbre.

Le valet russe Nicolas apparut aussitôt.

— Portez cette lettre à l'hôtel de M. de Lorbac... — lui dit-elle, — il y a une réponse...

Tandis que la pseudo-grande dame mettait tout en œuvre pour retrouver la fille de Gaston Dauberive, l'héritière des millions de Paul Gaussin, qu'elle comptait bien faire épouser à son fils, celui-ci, l'aimable Serge, ne renonçait point du tout à l'idée folle qui s'était enracinée dans son étroit cerveau.

Cette idée, nous la connaissons.

C'était de se faire aimer de Rose Madoux.

Mais depuis que la jeune fille habitait, à titre d'institutrice et plus encore à titre d'amie, la maison du célèbre professeur de la Faculté de médecine de Paris, les manœuvres du ridicule personnage n'avaient abouti à aucun résultat appréciable.

Il ne pouvait d'ailleurs en être autrement puisque, même en étant reçu à l'hôtel de la rue Linné, il lui était impossible d'approcher de Rose sans trouver auprès d'elle mademoiselle de Lorbac et sa mère, et quelquefois aussi René, le fils du docteur.

Nous devons même ajouter que le jeune avocat, chaque fois qu'il était libre, mettait un singulier empressement à assister aux leçons de sa sœur, leçons qui paraissaient l'intéresser vivement.

Il est vrai que Rose Madoux réunissait en elle tout ce qui constitue l'institutrice de premier ordre. — En instruisant elle charmait.

De banales relations mondaines permettaient à Serge Kourawieff de se présenter assez souvent rue Linné.

On le recevait poliment, mais il ne se sentait point les coudées franches, ni pour agir, ni même pour parler, malgré sa suffisance habituelle.

René — qu'il appelait son *excellent bon* — le trouvait grotesque. — Mademoiselle de Lorbac se moquait de lui très ouvertement sans qu'il s'en aperçût, et Rose éprouvait pour lui un sentiment de répulsion qui bien que purement instinctif, n'en était pas moins invincible.

Thérèse seule l'accueillait avec quelque bienveillance parce qu'il était le fils de madame Kourawieff que le docteur tenait en haute estime à cause de sa réputation bien assise de philanthropie, de l'usage généreux qu'elle faisait de ses revenus, inépuisables en apparence, et du patronage éclairé qu'elle accordait à une foule d'œuvres charitables.

A coup sûr, si la position de Rose à l'hôtel avait été simplement celle d'une institutrice salariée qu'on ne traite point en égale, Serge à qui le tact et le sentiment des convenances manquaient de façon absolue, aurait essayé d'aller de l'avant et fait des bêtises compromettantes.

Mais l'institutrice était auprès de Renée sur le pied d'une sœur chérie, et cela modérait forcément les velléités folâtres de Serge qui néanmoins ne manquait point d'assister aux réceptions du jour et du soir de madame de Lorbac, et de venir en outre de temps en temps sous prétexte de rendre visite à René, son *excellent bon*.

Jamais il ne se présentait, d'ailleurs, sans être accompagné d'un groom portant trois bouquets, l'un pour la maîtresse de la maison, l'autre pour sa fille et le troisième pour Rose Madoux.

Lorsqu'il était reçu il causait pendant un quart d'heure, débitant des *non-sens*, accumulant des platitudes, puis il s'en allait agacé, énervé, mettant son imagination à la torture pour trouver un moyen adroit de se ménager un tête-à-tête avec l'institutrice, de lui faire connaître l'incandescence de ses sentiments et de l'éblouir par la magnificence de ses offres.

Mais plus il la voyait, moins il osait tenter une démarche hardie, se contentant de pousser des soupirs idiots et de rouler d'une façon qu'il croyait langoureuse ses gros yeux de poisson pris au filet et se pâmant sur le sable.

Rose ne semblait s'apercevoir ni des soupirs, ni des regards, ni des pâmoisons.

Cependant, le jour même où nous avons montré Jarry venant mettre madame Kourawieff au fait de ce qui se passait à Bonneuil, Serge put croire un moment qu'il touchait à la réalisation de son rêve.

Il se présenta dans la matinée sous prétexte de parler à son *excellent bon* d'une chose importante et pressée.

Le domestique, ne sachant si le fils de M. de Lorbac était à l'hôtel, pria le visiteur d'attendre pendant qu'il irait se renseigner.

Au salon où on l'introduisit maladroitement il se trouva en présence des deux jeunes filles.

Rose donnait à Renée sa leçon de piano.

Serge, toujours armé de ses éternels bouquets, s'avança vers le piano, la bouche en cœur, s'efforçant de mettre de la grâce dans sa démarche, du phosphore dans ses prunelles, et il allait entamer un petit discours quand Renée, cédant à son besoin de moquerie, lui coupa la parole en s'écriant :

— Toujours des fleurs, donc, cher monsieur ! Vous me faites l'effet du chevalier Printemps !... Les fleurs naissent sous vos pas !

— Elles ne font que leur devoir, mesdemoiselles, en naissant pour vous être offertes!! — répliqua le fils de la comtesse. — Les fleurs attirent les fleurs !... vous les donner, c'est vous rendre à vous-mêmes...

— Ah! ça, mais c'est du dernier galant, tout ça ! — reprit Renée en laissant un libre cours à son envie de rire — très piquant !... tout à fait neuf ! — *Les fleurs attirent les fleurs... C'est nous rendre à nous-mêmes!...* Ça n'avait jamais été dit... — Charmant !... charmant ! charmant ! Surtout bien dans le train !...

— Trop indulgente, mademoiselle... — balbutia Serge enchanté, car il prenait au sérieux ces compliments railleurs.

— Non... non... non... pas indulgente... rien que juste ! — continua mademoiselle de Lorbac. — Mais à propos de vos bouquets si beaux, j'ai une petite explication à vous demander...

— Une explication ?... — répéta le jeune homme avec un commencement d'embarras.

— Oui.

— Laquelle, donc ?

— Des gens qui se prétendent bien renseignés affirment que lorsqu'un jeune homme offre des bouquets à une jeune fille, c'est qu'il lui fait la cour et qu'il veut l'épouser...

Serge perdit tout à fait contenance.

La question posée par mademoiselle de Lorbac

allait lui fournir, il est vrai, l'occasion de se déclarer, mais à cette déclaration manquerait la chose principale, le tête-à-tête.

Rose qui d'une main distraite, ou plutôt dédaigneuse, avait posé son bouquet sur le piano, et qui s'était mise à feuilleter une partition pour éviter de rencontrer les yeux de Serge, releva vivement la tête et se tourna vers Renée pour l'engager à ne pas pousser la plaisanterie plus loin.

Mais mademoiselle de Lorbac était taquine, — nous ne l'ignorons pas.

De plus, elle avait une raison pour pousser le visiteur dans ses derniers retranchements.

Donc, sans tenir le moindre compte de la muette supplication de son amie, elle poursuivit :

— Or, nous sommes ici deux jeunes filles... Deux jeunes filles dont l'une tout au moins est charmante... Ce n'est pas de moi que je parle...

L'enfant allait continuer.

Rose lui coupa la parole.

— Renée, ma chérie, — dit-elle d'un ton presque sévère, — il faut que tu sois un peu folle pour adresser à monsieur de semblables questions ! — En vérité je ne te comprends pas ! !

— Oh ! tu sais bien que tout m'est permis, à moi ! — répliqua mademoiselle de Lorbac en riant. — Papa répète tous les jours que ma franchise vaut de l'or... et il s'y connaît, papa ! !

Puis, revenant à Serge, elle reprit :

— Voyons, monsieur Kouravieff, vous m'avez comprise... Répondez.

Ainsi mis au pied de mur, le fils de la comtesse prit tout à coup une résolution héroïque.

— Eh bien ! mademoiselle — fit-il en posant la main sur son cœur et en roulant ses yeux de faïence — vous avez raison... — il me serait d'ailleurs impossible de le nier... — je suis épris... fortement épris... touché à fond... mordu au cœur...

— A la bonne heure, donc ! — s'écria Renée en battant des mains. — Voilà ce qui s'appelle un aveu !
— Nous attendons la suite.

Serge s'emballant, continua :

— Et ce n'est pas d'aujourd'hui que je suis pincé... C'est depuis longtemps, depuis très longtemps déjà, et si je n'ai point parlé plus tôt c'est que le respect me fermait la bouche, comme il me la fermerait encore à cette heure si vous ne m'aviez, mademoiselle, forcé à l'ouvrir... ou plutôt à l'entr'ouvrir, car l'émotion, qui présentement me fait palpiter, ne me permet pas d'en dire plus long... — j'ajouterai seulement deux mots... Je suis heureux d'avoir été deviné et sûr d'avoir été compris par celle que j'aime... je suis aussi content que si j'avais gagné un lot de cent mille francs avec une seule obligation du Crédit foncier...

Serge n'ajouta pas un mot à ce petit discours, dont il était d'ailleurs fort satisfait.

Il salua en mettant de nouveau la main sur son cœur et en imprimant à ses prunelles un mouvement de rotation, et il sortit au moment où le domestique par qui il avait été introduit venait annoncer qu'il avait vainement cherché partout, et que sans le moindre doute M. René ne se trouvait point à l'hôtel.

Une fois dehors et avant même de remonter dans son phaéton qui l'attendait, le fils de la comtesse respira fortement et prit un air vainqueur.

— Je crois, — murmura-t-il, — que j'ai été très malin, oh! mais là, très malin, et que j'ai su tirer de la situation tout le parti possible!... — L'attaque était directe! — Rose n'est point une bête! — Me rencontrant presque tous les jours sur son chemin aux alentours de la ferme des Rosiers, et devinant que je la gobais, elle a voulu savoir positivement à quoi s'en tenir... — La petite Renée était chargée par elle de sonder le terrain et d'aller en reconnaissance... Elle s'en est, parole d'honneur, acquittée très gentiment!... — Moi, j'ai saisi l'occasion aux cheveux! — Ma réponse a été stupéfiante d'à-propos! — Maintenant Rose est fixée... — l'affaire ira sur des roulettes... — Eh bien, s'il faut parler mariage, je parlerai mariage... j'abuserai sans le moindre scrupule de mes privilèges d'époux futur, et quand arrivera le moment décisif je m'échapperai par la tangente... — j'en serai quitte pour ne plus remettre les pieds à l'hôtel de la rue Linné, et

Rose, se voyant lâchée, ne manquera pas de me courir après... — Toutes les mêmes, ces filles d'Eve!... toutes les mêmes!

Tandis que Serge monologuait ainsi, les paroles suivantes s'échangeaient entre les deux jeunes filles dans le salon qu'il venait de quitter.

— Tu vois, — disait Rose avec agitation, — tu vois le résultat de tes questions imprudentes! — Tu n'as pas voulu me croire et tu nous a forcées à subir le discours ridicule de ce sot personnage!

— Je vois, ma sœur chérie, que j'ai parfaitement réussi, — répliqua René, câline, en embrassant Rose — je sais ce que je désirais savoir et je vais te prier d'être tout à fait franche avec moi...

— Franche! — Ne le suis-je pas toujours?

— Sans doute, mais il faut l'être encore plus que d'habitude...

— Comment? — à quel propos!...

— Le comte Serge Kourawieff est amoureux de toi...

— Ou de toi... — interrompit Rose.

— De moi!... allons donc!... — Est-ce que j'existe? Est-ce que je compte?... On me regarde comme une petite fille. — C'est bien de toi seule qu'il s'agit... — Tu le sais parfaitement... tu le sais depuis longtemps... et tu ne m'en as jamais rien dit!... — C'est mal!...

La fille adoptive de Jeanne Madoux avait trop de

loyauté dans le caractère pour essayer de mentir ou même de se dérober.

— S'il m'aime ou s'il croit m'aimer, tant pis pour lui ! — dit-elle, — moi je ne peux pas le souffrir et je crois qu'il est impossible de rencontrer un être plus nul, plus prétentieux, plus grotesque, plus intolérable sous tous les rapports !...

— Il ressemble à beaucoup de jeunes gens.

— Aussi désagréables que lui...

— Alors tu refuseras de l'épouser s'il te demande en mariage ?...

— Je refuserai avec enthousiasme...

— Cependant, il est riche...

— Que m'importe ?

— Il est comte...

— Je ne tiens nullement à devenir comtesse...

— Bref, tu détestes ce pauvre Serge...

— Cordialement !

— Eh bien ! veux-tu que je te dise une vérité encore plus vraie que la tienne...

Rose regarda son amie d'un air étonné.

— Je ne comprends pas du tout, — fit-elle.

— Tu vas comprendre... — Ma vérité la voici : — Tu ne détestes Serge que parce que tu aimes quelqu'un... — Si tu n'aimais personne tu te contenterais de l'honorer de ton indifférence et de te moquer de lui...

Un nuage pourpre s'étendit sur les joues de Rose.

— Je n'aime personne... — murmura-t-elle d'une voix mal assurée.

A peine achevait-elle de prononcer ces mots lorsque le fils du docteur, revenant du dehors, entra dans le salon.

Renée courut à lui.

Le jeune avocat prit sa sœur dans ses bras et l'embrassa fraternellement sur le front.

Puis il se dirigea vers Rose et lui tendit la main.

L'orpheline appuya le bout de ses doigts sur cette main, mais sans oser regarder le nouveau venu.

— Vous êtes seules? — demanda-t-il en jetant les yeux autour de lui. — On m'avait dit en bas que Serge Kourawieff était monté et qu'il m'attendait au salon.

— Nous avons, en effet, été honorées de la visite de ton *excellent bon*, — répondit la fille de Thérèse en riant.

— Eh bien! où est-il?

— Il vient de partir.

— Pourquoi ne m'a-t-il pas attendu?

— Pour la meilleure de toutes les raisons...

— Laquelle?

— C'est que tu n'étais qu'un prétexte, mon pauvre frère... Ce n'est nullement pour toi qu'il venait, ce gentleman!

— Ce n'était pas pour moi?...

— Non...

— Pour qui donc?

Renée, s'approchant du piano, y prit le bouquet offert à Rose par le gommeux ridicule.

— Regarde ce bouquet — dit-elle à son frère en le lui mettant dans la main — comment le trouves-tu ?

— Encore ! — s'écria le jeune homme d'un ton sec et nerveux. — Mais c'est un éventaire de marchande de fleurs que ce garçon-là !

— Non, mon cher grand frère — répliqua mademoiselle de Lorbac en riant — c'est un amoureux tout simplement.

René tourna vivement ses yeux vers Rose qui restait immobile.

— Un amoureux ! — répéta-t-il.

— Oui.

— Supposition absurde !

— Certitude absolue... — Il s'est déclaré.

Le fils du docteur devint pâle et murmura !

— Vraiment ! il a osé !

— Pourquoi ne l'aurait-il pas fait puisqu'il aime Rose ?...

D'un geste violent René lança le bouquet à l'autre extrémité du salon où les fleurs qui le composaient s'éparpillèrent, jonchant de leurs pétales et de gouttelettes de rosée le tapis d'Orient.

De pâle, le jeune homme était devenu livide.

Rose, toujours immobile, le regardait maintenant et son doux visage offrait une expression indéfinissable.

VII

Mademoiselle de Lorbac joua merveilleusement la surprise.

— Eh! mon Dieu, qu'as-tu donc? — demanda-t-elle d'un petit air candide tout à fait réjouissant.

— Moi... — balbutia René, — je n'ai rien... absolument rien... Que pourrais-je avoir?

— Pourquoi donc as-tu mis en pièces ce pauvre bouquet si joli?

— Un mouvement d'impatience...

— A quel propos?

— Une épine m'avait piqué...

En voyant l'irritation d'abord, puis l'embarras du jeune avocat, Renée souriait.

— Allons — se disait-elle — je ne m'étais pas trompée, toute petite fille que je paraisse être... —

Rose aime mon frère et mon frère adore Rose. Je sais ce que je voulais savoir...

Un valet de chambre vint annoncer que le déjeuner était servi.

Nos trois personnages passèrent dans la salle à manger où se trouvaient déjà M. de Lorbac, Thérèse et madame Daumont.

Depuis quelques jours la veuve du chef de bureau allait beaucoup mieux. Sans doute elle n'aurait pas encore été capable de sortir de l'hôtel et de faire à pied une longue course, mais il lui était permis de descendre, en s'appuyant sur le bras de sa femme de chambre, de prendre place à table aux heures des repas, de rester au salon pendant une partie de l'après-midi et de la soirée.

Elle pouvait ainsi du moins se rendre compte de ce qui se passait et surveiller l'affection instinctive de sa fille pour cette enfant, — la sienne! — qu'un hasard étrange et menaçant avait conduite à l'hôtel de la rue Linné pour y vivre de leur vie commune.

Renée alla embrasser sa grand'mère, assez froidement d'ailleurs, Rose s'inclina devant la vieille femme avec un respect indifférent, et on se mit à table.

Vers le milieu du déjeuner le valet de chambre présenta sur un plateau d'argent à M. de Lorbac une lettre qu'on venait d'apporter.

— On attend une réponse... — dit-il.

Cette lettre était celle que nous avons vu madame Kourawieff écrire quelques instants auparavant.

Le docteur l'ouvrit et, après l'avoir parcourue, demanda à Thérèse :

— As-tu l'intention de sortir ce soir?

— Non... — Pourquoi?

— Parce que, si tu restes chez toi, une personne de notre connaissance viendra prendre avec nous une tasse de thé...

— Qui donc?

— La comtesse Kourawieff...

— J'y suis toujours pour elle... — répondit Thérèse.

Renée, Rose et le jeune avocat échangèrent un regard rapide.

Le docteur se tourna vers le valet de chambre.

— Dites au porteur de cette lettre, — fit-il, — que madame de Lorbac sera très heureuse de recevoir ce soir la comtesse Kourawieff.

Le déjeuner s'acheva sans incident nouveau.

Le soir était le seul moment où le docteur, pris tout le jour par ses occupations, pût consacrer quelques heures aux siens et vivre de la vie de famille, lorsqu'il n'y avait pas réception à l'hôtel ou qu'on n'allait point dans le monde.

Il était heureux de pouvoir, en des causeries intimes, se reposer de ses visites, de ses consultations, de ses cours, de ses travaux scientifiques de toute nature.

On se réunissait soit au salon, soit dans le cabinet de travail qui constituait en réalité un troisième salon, plus sévère d'aspect mais tout aussi luxueux que les deux autres.

C'était dans ce cabinet que ce soir-là on prendrait le thé avec la visiteuse attendue.

En sortant de table le docteur avait dû sortir, appelé en toute hâte auprès d'un de ses clients, gravement malade, mais il rentrerait aussitôt après avoir écrit son ordonnance.

Neuf heures allaient sonner à la pendule Renaissance formant le couronnement de la haute cheminée.

Toutes les bougies des candélabres étaient allumées, et sur le grandbure au deux lampes, sous leurs abat-jour de dentelles, répandaient une lueur douce, voilée, discrète.

Madame Daumont, étendue sur une chaise longue, et sa jambe blessée soutenue par des coussins, travaillait à un ouvrage de tapisserie.

René et les deux jeunes filles, groupés autour d'un guéridon, causaient ensemble à demi-voix et, ne pouvant s'entretenir de leur pensée commune, parlaient de choses indifférentes.

Quant à Thérèse de Lorbac, assise dans un large fauteuil auprès du bureau, elle tenait ouvert sur ses genoux un gros livre dont elle semblait étudier les pages avec une extrême attention.

Tout à coup la porte s'ouvrit sans bruit, et dans l'encadrement apparut madame Kourawieff suivie du docteur.

Ils s'étaient rencontrés sur le seuil de l'hôtel, lui rentrant, elle arrivant.

Pendant quelques secondes ils restèrent immobiles, regardant tous deux.

Leur entrée avait été si peu bruyante qu'aucun de nos personnages ne les avait entendus.

— Charmant tableau!... — murmura la comtesse.

— Oui... — répondit le docteur du même ton.

— Quel intérieur adorable!

— Je suis un homme heureux, je l'avoue, ce qui est rare, et — (ce qui est plus rare encore), — je sens tout le prix de mon bonheur! — Je ne me lasse point d'en remercier la Providence, et chaque jour je répète cette prière, toujours la même: — *Dieu tout-puissant que je bénis, faites que cela continue!..*

Si bas que le docteur et la comtesse eussent parlé, on venait de les entendre.

Tout le monde s'était levé.

Renée fit un bond vers son père, et lui sautant au cou l'embrassa sur les deux joues.

Le jeune avocat s'inclina devant la visiteuse avec une nuance de froideur.

Sans qu'il sût au juste pourquoi, madame Kourawieff ne lui était point sympathique.

Rose, en voyant la mère du niais prétentieux qui la courtisait, devint pourpre.

Thérèse avait posé son livre et marchait à la rencontre de son mari et de la comtesse à laquelle elle tendit la main en souriant.

— Chère madame — lui dit la pseudo-Russe — je félicitais M. de Lorbac d'un bonheur si grand, si complet, que tout en l'admirant on ne peut s'empêcher de l'envier un peu... — il a tout ce qui fait les élus de la vie, ce cher docteur, le talent, la célébrité, la fortune, des enfants accomplis, et une femme....

— Qu'il rend heureuse... — interrompit Thérèse.

— Avouez qu'il possède un talisman...

— Mon talisman... Oh ! il est bien simple... — répondit M. de Lorbac.

— Peut-on le connaître?

— Parfaitement... — mon bonheur consiste à assurer autant que je le puis le bonheur des autres.

— C'est facile à dire et difficile à faire...

— Mieux que personne vous savez le contraire, madame, vous qui passez votre existence à soulager toutes les infortunes...

— De grâce, cher docteur, épargnez ma modestie !... — fit madame Kourawieff en riant.

On apporta le thé.

Thérèse et Renée le servirent et la conversation devint générale.

La comtesse s'était assise auprès de la maîtresse de la maison.

Ses regards tombèrent sur le volume qui absorbait l'attention de Thérèse au moment où elle-même entrait dans le salon.

— Le livre du docteur Tardieu !... — s'écria-t-elle avec une surprise qui n'avait rien d'affecté. — Comment, chère madame, vous lisez un ouvrage traitant des maladies mentales et de la folie...

— Mon Dieu, oui... cela vous étonne ?

— Beaucoup, je l'avoue...

— Pourquoi donc ?

— Je ne pensais pas qu'une jeune femme, une femme du monde, pût s'intéresser à des questions scientifiques de cet ordre, questions très ardues et très attristantes...

— Eh bien ! vous vous trompiez ! — je vous assure que c'est d'un intérêt prodigieux !... — je ne puis m'arracher à cette lecture... — il y a des pages où on se croirait en plein roman.

— La réalité dépasse toujours l'imagination, — interrompit le docteur, — et les inventions du romancier le plus expert en son art semblent toujours pâles si on les met à côté de certains incidents de la vie vécue... Vous pouvez en croire mon expérience de médecin... J'ai assisté bien souvent à des drames qu'on n'oserait jamais écrire tant ils paraîtraient invraisemblables.

— Ah ! c'est bien vrai ! — appuya madame de

Lorbac. — Ainsi, par exemple, Tardieu cite chez certains aliénés des cas de perte de mémoire partielle ou totale, qui sont la chose du monde la plus bizarre et la plus curieuse.

Madame Daumont, en entendant ces mots, reposa sur la table la tasse de thé qu'elle soulevait pour la porter à ses lèvres, et son attitude devint singulièrement attentive.

— Il y a dans la vie des coïncidences stupéfiantes ! — fit madame Kourawieff.

— A quel propos dites-vous cela ? — demanda le docteur.

— A propos des paroles que vient de prononcer madame de Lorbac et qui se rapportent de la façon la plus directe à l'objet de ma visite...

— En effet, vous avez bien voulu me demander un entretien particulier de quelques minutes... — reprit le professeur. — J'ai pensé qu'il s'agissait d'une bonne action à accomplir... d'une œuvre de bienfaisance...

— Vous ne vous trompiez pas... — Il s'agit en effet d'une bonne action, mais cette bonne action est d'une nature toute spéciale.

— Souhaitez-vous que nous passions dans une autre pièce pour en causer?

— Nullement, — il n'y a point de mystère. — Rien ne m'empêche de parler devant tout le monde..

— De quoi est-il question ?

— D'un pauvre être fort à plaindre, dont je veux

vous soumettre le cas, et pour lequel je réclamerai vos soins.

— Je suis absolument à votre disposition. — De quelle maladie votre protégé est-il atteint?

— D'aliénation mentale.

L'attention de madame Daumont, déjà surexcitée, redoubla.

Depuis quelques minutes son esprit se reportait malgré elle vers le passé, vers la sinistre maison du docteur Sardat, et sans qu'il lui fût possible de s'expliquer à elle-même cette obsession, le nom de Gaston Dauberive se présentait à sa pensée, errait sur ses lèvres.

— Bref, il est fou... — reprit le docteur.

— Oui et non.

— Comment?

— Folie intermittente. — Par instants sa raison s'envole, et par instants aussi il est parfaitement lucide... mais il a perdu de la façon la plus absolue la mémoire des noms. — Il est hors d'état de prononcer aucun de ceux qui lui étaient les plus familiers autrefois...

La marâtre tressaillit violemment.

— Depuis combien de temps cet homme est-il en cet état? — demanda M. de Lorbac.

— Depuis près de vingt années.

— Savez-vous quelle cause a déterminé chez lui la folie?

— Une violente commotion morale...

— De quelle nature ?... Ruine complète et soudaine ? Chagrins de cœur ?...

— La perte d'une femme et d'un enfant qu'il adorait...

Si quelqu'un des personnages réunis dans le salon du docteur avait en ce moment jeté les yeux sur madame Daumont, il l'aurait vue devenir pâle comme un spectre.

— Ce malheureux a-t-il été soigné ? — reprit M. de Lorbac.

— Fort mal, ou plutôt pas du tout.

— Dans un établissement de l'Etat ?

— Dans une maison de santé particulière.

— Il s'y trouve encore aujourd'hui ?

— Non.

— Où donc est-il ?

— Chez moi.

Le docteur eut un geste de surprise.

La comtesse poursuivit :

— Je vais vous expliquer ce qui vous étonne... — Ce malheureux est le fils d'un des amis de feu mon mari... — Son père vient de mourir ne lui laissant aucune fortune, mais me priant de veiller sur lui... — Je ne pouvais refuser d'accomplir ce vœu suprême.... — J'ai promis.... — J'accomplirai jusqu'au bout la tâche que je me suis imposée...

— Je vous admire, madame, et je vous aiderai de tout mon pouvoir... — tout ce qu'il sera possible de faire, je le ferai, je vous le promets... — comptez sur moi...

— J'y compte... comme vous pouvez compter vous-même sur ma plus profonde gratitude...

VIII

Aussitôt que la comtesse Kourawieff, après avoir accepté une seconde tasse de thé, eut pris congé de M. de Lorbac et de sa famille, madame Daumont témoigna le désir de remonter dans son appartement, ce qu'elle fit, soutenue d'un côté par René et de l'autre par la femme de chambre, car il était indispensable de ménager sa jambe encore faible.

— Coûte que coûte, — se dit la marâtre une fois chez elle, — et quelque retard qu'il en puisse résulter pour ma guérison complète, demain j'irai à Bonneuil, à la maison de santé du docteur Sardat... — J'ai peur de cet homme dont madame Kourawieff est venue parler ce soir à mon gendre !... — je ne sais quel pressentiment me pousse à croire qu'il s'agit de Gaston Dauberive... — C'est absurde, je le sais bien, c'est invraisemblable, c'est impossible !...

je me répète, cela et malgré tout le pressentiment s'obstine !... — je veux voir le docteur Sardat... je veux le questionner...

Le lendemain vers dix heures du matin, immédiatement après sa visite à la Salpêtrière, M. de Lorbac se rendait à l'hôtel de la rue Saint-Dominique et se faisait annoncer chez la comtesse qui le recevait immédiatement.

Un peu auparavant elle avait annoncé à Dauberive qu'un étranger viendrait la voir ce jour-là et causer avec lui, mais sans lui dire que cet étranger était un médecin.

Voulant tenir secrète l'identité du fou jusqu'au moment où la raison lui serait rendue — (si ce moment devait jamais arriver) — elle avait inventé l'histoire très acceptable que nous lui avons entendu raconter la veille au soir.

Peu importaient d'ailleurs à M. de Lorbac les origines du malade.

Ce qu'il lui fallait, c'était de le voir, de l'interroger, de l'étudier.

La comtesse prévoyait bien que Gaston raconterait au docteur sa véritable histoire, mais de cela elle n'avait nul souci.

Il était fou et son récit pouvait passer pour l'hallucination d'un fou.

Dans tous les cas d'ailleurs M. de Lorbac, lié par le devoir professionnel, garderait le secret.

Nous devons ajouter que depuis plusieurs jours le sculpteur parlait peu.

Il devenait de plus en plus sombre et semblait sous le coup d'une préoccupation obsédante.

Madame Kourawieff conduisit auprès de lui le mari de Thérèse.

En le voyant entrer Gaston fut pris d'un tremblement soudain qui secoua tout son corps. — Il quitta le fauteuil sur lequel il était assis, vint droit au docteur et fixa ses yeux sur son visage avec une expression de profond étonnement et de curiosité dévorante.

— Qu'a-t-il à vous regarder ainsi ? — fit la comtesse presque effrayée. — On croirait qu'il vous reconnaît ou, tout au moins, qu'il cherche à vous reconnaître...

Le nouveau venu, de son côté, examinait attentivement la figure du fou.

Il lui semblait vaguement retrouver sur cette face ravagée, sous cette longue barbe blanchie, des traits déjà vus autrefois.

— C'est singulier... — murmura-t-il.

— Quoi donc ? — fit madame Kourawieff.

— Ce n'est pas, ce ne doit pas être la première fois que je vois cet homme...

— Ne vous trompez-vous point ? — fit l'ancienne espionne avec émotion.

— Je crois bien ne pas me tromper.

M. de Lorbac, se rapprochant plus encore, tendit la main au sculpteur.

Sans hésiter Gaston y posa la sienne, et en même temps une ride transversale se creusa sur son front, indiquant la tension de son esprit.

— En ce moment, — lui dit le docteur — il se fait en vous un grand travail... — Vous vous efforcez de rassembler les souvenirs d'un temps bien éloigné de nous...

— Oui... — murmura Gaston — oui... oui...

— Je vais essayer de vous aider... — il vous semble m'avoir déjà vu...

— Oui.

— Il vous semble me connaître...

— Je vous connais.

— Vous en êtes certain ?

— Oui.

— Où donc m'avez-vous rencontré ?

— Là-bas...

— Où ?

— Je ne sais plus...

— Il y a longtemps ?

— Oui... longtemps.

— Combien ?

Gaston se mit à compter sur ses doigts :

— Un — deux — trois — quatre — cinq — six — sept — huit...

Quand il fut arrivé au chiffre vingt il s'arrêta.

— Vingt ans, — dit-il.

Le docteur tressaillit.

— Vingt ans... — répéta-t-il. — Ah! la lumière se fait... Voilà que je me souviens aussi, moi!! — Dans ces traits fatigués, vieillis avant l'âge par la souffrance, je retrouve ceux de l'homme, de l'artiste, du grand artiste, chez qui je suis allé rue Bochard-de-Saron... Car cet artiste, c'était bien vous, n'est-ce pas?

— Oui... oui... C'était moi... C'est moi...

— Et vous vous nommez?...

— Je ne sais plus... Vous voyez bien que je ne sais plus... — balbutia le fou douloureusement.

— Vous vous nommez Gaston Dauberive! — acheva le docteur.

Les yeux du sculpteur étincelèrent.

— Oui... oui... — s'écria-t-il, — Gaston Dauberive... c'est mon nom!

— J'en étais sûr!

Madame Kourawieff éprouvait quelque inquiétude.

Elle commençait à se demander si en appelant M. de Lorbac auprès de Gaston Dauberive, elle n'avait pas commis une grave imprudence? — Si de la rencontre de ces deux hommes qui s'étaient connus jadis n'allait pas résulter quelque chose de fâcheux pour la réussite de ses projets.

Comment cela pourrait-il se faire?

Elle l'ignorait, mais, nous le répétons, elle se sentait inquiète.

Gaston reprit après un silence :

— Mais votre nom ?... Votre nom à vous ?...

— Ne le savez-vous pas ?

— Je le savais... Je ne le sais plus... — Dites-le moi...

— René de Lorbac...

— Oui... oui... René de Lorbac... — J'ai fait pour vous une statue... une statue pour un tombeau... — Vous êtes médecin... En venant ici vous avez un but... celui de me guérir... Est-ce vrai ?

— C'est vrai ?...

— Eh bien ! guérissez-moi... — Rendez-moi la mémoire... — Faites-moi retrouver celle que j'aimais... Celle que j'aimerais encore si elle méritait d'être aimée... Faites-moi retrouver ma fille... Donnez-moi le moyen de me venger de ceux qui m'ont trahi... qui m'ont vendu... qui m'ont livré !

La comtesse murmura à l'oreille du docteur :

— Il s'anime... il va divaguer...

D'un geste M. de Lorbac l'invita au silence puis reprit, s'adressant au fou :

— J'ai besoin de savoir tout ce qui vous concerne... — Racontez-moi votre histoire.

Avec une agitation fébrile et d'une voix entrecoupée Gaston commença son récit.

Il dit d'une façon un peu confuse, mais cependant assez claire pour être comprise, tous les faits accomplis jusqu'au moment où il revenait à lui-même dans une maison d'aliénés, après s'être abattu sans connaissance sous la menace de bras étendus vers lui, sous le choc de voix répétant la phrase sinistre : — CET HOMME EST FOU !

— Mais, — lui demanda M. de Lorbac après l'avoir écouté jusqu'au bout, — les noms des gens coupables de ces actes odieux ? — les noms de vos persécuteurs ?

— Je les ai oubliés, ces noms, mais je les saurai de nouveau quand vous m'aurez rendu la mémoire...

Le mari de Thérèse posa quelques questions encore au sculpteur et n'obtint plus aucune réponse satisfaisante.

L'agitation augmentait.

Une crise semblait inévitable.

M. de Lorbac parvint à l'éviter.

A la Salpêtrière il domptait les fous dangereux par la seule puissance de son regard.

Il usa de cette puissance magnétique avec Gaston Dauberive et, lorsqu'il l'eut ramené à un état de calme absolu, il quitta sa chambre en compagnie de madame Kourawieff.

— Eh bien ! docteur, — fit celle-ci quand ils se retrouvèrent seuls, — que pensez-vous de ce malheureux ?

A cette question le médecin répondit par une autre question :

— Vous le connaissez de longue date, n'est-ce pas ?
— Oui.
— L'histoire qu'il vient de nous raconter est-elle vraie ?

— Oui et non... — le fond est réel, mais les détails sont exagérés ou dénaturés par la folie.

M. de Lorbac hocha la tête.

— Le pauvre garçon est gravement atteint ! — murmura-t-il.

— Y a-t-il cependant espoir de guérison ?

— Je ne puis l'affirmer... Même en admettant 1 guérison comme possible, elle sera lente, difficile...

— Enfin, vous l'entreprendrez ?...

— Certes !... c'est mon devoir, mais je suis loin de répondre du succès.

— Pourtant Gaston Dauberive n'est pas absolument fou... il comprend... il raisonne...

— Beaucoup d'aliénés sont ainsi, et ce ne sont pas les moins incurables...

M. de Lorbac, après avoir refléchi pendant quelques secondes, ajouta :

— Ce pauvre artiste a beaucoup souffert — cette perte de la mémoire résulte d'une lésion du cerveau causée par de violents chagrins... — l'avenir nous apprendra si cette lésion est guérissable... — Quant à présent, je n'ai qu'une recommandation à faire : — Soyez prudente. — Tenez-vous sur vos gardes...

— A quel propos ?

— A propos de votre sûreté personnelle...

— Je ne crois point au danger... — Dauberive est très doux...

— Ne vous y fiez pas... — J'ai vu dans ses yeux des lueurs de mauvais augure... — La moindre commotion pourrait déterminer chez lui un accès de fureur, et tout serait à craindre.

— Cher docteur, vous m'effrayez !...

— Telle n'est point mon intention, mais je dois vous prévenir... — le péril est réel, sinon prochain...

— Donc, prenez vos précautions...

— Lesquelles ?

— Il ne faut pas laisser seul Gaston Dauberive... il faut veiller à ce qu'il vive dans la tranquillité la plus complète, mais non dans l'inaction physique... Des distractions sont nécessaires...

— Des distractions... — répéta la comtesse. — De quelle nature ?

— Dauberive était sculpteur, et sculpteur de grand talent... — Transformez sa chambre en atelier, ce qui est facile... — Accrochez aux murailles des dessins, des gravures et des plâtres... Faites apporter des selles de modeleur, des ébauchoirs, de la terre glaise, tous les outils enfin de la profession... — En présence des souvenirs matériels de sa vie de travail, nous verrons si son instinct lui dit de s'en servir et s'il se souvient de son art... — C'est essentiel... C'est indispensable...

— Cela sera fait.

— Maintenant je vais écrire une ordonnance...

Le docteur prit une plume, s'assit devant une table et traça quelques lignes.

Tandis que sa plume courait sur le papier, il poursuivit :

— Ceci est la formule d'une potion calmante dont l'effet sur le système nerveux doit être très énergique... — Le malade en prendra chaque jour la valeur d'une cuillerée à bouche dans la boisson de ses repas... — Mieux vaut qu'il ne soit pas prévenu... — L'idée qu'on le drogue pourrait surexciter son irritabilité, et le résultat de ma potion serait déplorable au lieu d'être satisfaisant... — Je reviendrai bientôt et, selon l'effet produit, j'établirai les bases d'un traitement.

— Vos prescriptions, cher docteur, seront exactement suivies... — Maintenant, voulez-vous me permettre de vous adresser une prière ?...

— Elle est agréée d'avance...

— Ce malheureux a certainement des ennemis acharnés après lui pour une cause qui m'est inconnue... — Je ne voudrais pas qu'on sache que je l'ai recueilli chez moi et que vous allez essayer de lui rendre la raison...

— Le devoir professionnel, chère madame, doit être pour vous une garantie de mon silence. — Personne ne connaîtra par mon fait ce que vous désirez qu'on ignore...

M. de Lorbac quitta la comtesse Kourawieff et s'en alla faire son cours à la Faculté de médecine.

Retournons à l'hôtel de la rue Linné.

Madame Daumont, vers sept heures du matin, avait sonné sa femme de chambre.

— Faites atteler une voiture pour moi — lui commanda-t-elle — et venez m'aider à m'habiller...

— Comment, madame va sortir! — s'écria la femme de chambre stupéfaite — mais c'est à peine si madame peut s'appuyer sur son pied!

— Trêve de conseils, je vous prie — interrompit Eugénie d'un ton sec. — Obéissez et trouvez-moi dans l'hôtel une canne... — je m'en servirai pour me soutenir au besoin...

La camériste sortit en levant les bras vers le plafond, ce qui signifiait évidemment :

— Je m'en lave les mains !

Madame Daumont descendit de son lit, et s'appuyant aux meubles essaya de faire quelques pas.

Elle y réussit à peu près.

— Tout est dans la volonté ! — murmura-t-elle — je marcherai puisqu'il faut que je marche...

La femme de chambre rentra, apportant une canne trouvée par elle dans le porte-parapluie du vestibule.

C'était un jonc assez fort, appartenant à René et dont la pomme d'argent était armoriée.

La marâtre s'en servit pour aller de sa chambre à son cabinet de toilette.

Elle s'habilla et se fit chausser d'une paire de bottines très larges où son pied malade se trouvait à l'aise.

Une demi-heure plus tard, vêtue d'un costume sombre, portant une voilette épaisse qui ne permettait pas de distinguer ses traits, s'appuyant d'une main sur le bras de sa femme de chambre et de l'autre sur la canne de René, elle descendait jusqu'à la cour et montait dans le coupé attelé pour elle stationnant devant le perron.

Thérèse leva par hasard le rideau de sa fenêtre au moment où sa mère, après s'être assise en voiture, refermait la portière.

Elle vit le coupé décrire une courbe et franchir la porte cochère. — Elle ne pouvait en croire ses yeux... — C'était vrai cependant! — Madame Daumont sortait

IX

La marâtre avait donné l'ordre au cocher de sa fille de la conduire rue Meslay.

Beaucoup de Parisiens savent, mais beaucoup d'autres ignorent, nous en sommes convaincus, que plusieurs des maisons de cette rue possèdent une sortie ou, si l'on veut, une seconde entrée sur le boulevard Saint-Martin.

Quelques propriétaires ont placé près de leurs portes un écriteau indiquant qu'il est absolument défendu de traverser, mais nombre de gens du quartier, désireux d'éviter un long détour, ne tiennent aucun compte de l'interdiction et pour arriver plus vite affrontent courageusement les invectives des concierges irrités.

Rue Meslay, le cocher arrêta la voiture.

Madame Daumont descendit en s'appuyant sur la canne qu'elle avait emportée.

— Vous viendrez me chercher ici à trois heures... — dit-elle.

Le cocher tourna bride aussitôt et s'éloigna.

Quand le coupé eut disparu, la marâtre s'engagea dans l'allée de la maison dont elle avait indiqué le numéro et qui la conduisit à une cour carrée qu'entouraient de hauts bâtiments.

Elle traversa cette cour et suivit un second couloir jusqu'à une autre porte ouvrant sur le boulevard Saint-Martin.

Elle se trouvait presque en face du théâtre des Folies-Dramatiques et vis-à-vis une station de voitures où plusieurs fiacres formaient la file, attendant des clients assez rares à cette heure matinale.

Sagement convaincue qu'elle n'était point suffisamment ingambe pour traverser la chaussée sans péril, madame Daumont donna vingt sous à un pauvre diable qui vendait ou plutôt qui essayait de vendre des anneaux brisés et des chaînes de sûreté, et le pria d'aller lui chercher une voiture.

Ce fut vite fait.

Au bout de moins d'une minute un fiacre à deux chevaux vint se ranger le long du trottoir.

— Où allons-nous, madame? — demanda le cocher.

— A Bonneuil...

Le cocher fit un bond sur son siège.

— Bonneuil !! — s'écria-t-il, — mais ça n'est pas une course, ça!... c'est un voyage!! — je ne marche pas!

— Je vous prends à l'heure... — Quatre francs l'heure... — Dix francs de pourboire.

— A la bonne heure... vous êtes raisonnable... — Montez...

Non sans un peu de peine Eugénie Daumont se hissa dans la voiture qui partit à une allure assez rapide.

Arrivée sur la route nationale, en face du village, elle s'arrêta, et le cocher se penchant pour parler à sa cliente, posa cette question :

— Dans quel endroit de Bonneuil allons-nous ?

— Continuez jusqu'à la grande avenue qui se trouve à gauche — répondit madame Daumont — et suivez cette avenue... — Nous allons à la maison de santé dont vous voyez les hautes murailles à travers les arbres...

Le fiacre se remit en mouvement.

Cinq minutes plus tard il franchissait la première grille, ouverte pour le laisser passer, et il s'arrêtait de nouveau devant le perron du corps de logis réservé à la direction.

Un gardien qui se trouvait dans le vestibule s'empressa de s'avancer et d'ouvrir la portière.

— Que désire madame ? — fit-il d'un ton respectueux.

— Voir M. le docteur Sardat... — Est-il à la maison de santé ?

— Oui, madame...

— Eh bien ! aidez-moi à descendre et prévenez-le de ma visite...

Eugénie marchait péniblement.

Le gardien qui s'en aperçut lui offrit son bras sur lequel elle s'appuya pour gravir les degrés.

Après avoir introduit la visiteuse dans le vestibule, il demanda :

— Qui dois-je annoncer à monsieur le directeur ?

— Dites-lui simplement que je viens pour le numéro 572 — répliqua madame Daumont.

Le gardien tressaillit.

— Le numéro 572 !... — répéta-t-il.

— Oui... — monsieur le directeur saura ce que cela veut dire.

L'employé pensa :

— Il ne le saura même que trop !

Et il franchit le seuil du cabinet où travaillait le docteur Sardat.

Celui-ci leva la tête en entendant la porte s'ouvrir et demanda :

— Qu'y a-t-il ?

— Monsieur le directeur, c'est une dame...

— Quelle est cette dame ?

— Elle vient pour le numéro 572...

Le docteur, à son tour, eut un soubresaut.

— Voici le moment que je redoutais... — murmura-t-il, puis, tout haut : — Faites entrer...

Le gardien introduisit madame Daumont dont une voilette épaisse, nous l'avons dit, cachait le visage.

Ce voile n'empêcha point Sardat de la reconnaître du premier coup d'œil.

Il se leva, fit vivement quelques pas au-devant d'elle et, lui présentant un siège, dit d'une voix émue avec un embarras qu'il ne parvenait point à cacher :

— Ah ! madame, je désirais et je redoutais tout à la fois votre visite...

— Vous la redoutiez ! — Pourquoi donc ?

— Parce que j'ai une nouvelle... une mauvaise nouvelle à vous annoncer...

La marâtre sentit une sueur froide mouiller ses tempes.

Ses pressentiments fâcheux allaient-ils donc se réaliser ?

Le malheur qu'elle redoutait était-il accompli ?

— Une mauvaise nouvelle... — répéta-t-elle en feignant l'étonnement.

— Oui, madame.

— Est-ce que cet homme est mort ?

— Mieux vaudrait qu'il le fût, mais le misérable avait l'âme chevillée dans le corps ! — il aurait pu rester indéfiniment ici, bien portant, à moins de modifications apportées aux ordres donnés par vous...

— Mais enfin, monsieur, expliquez-vous !... S'il n'est pas mort, qu'y a-t-il ? — Pourquoi désiriez-vous et redoutiez-vous à la fois ma visite ? Qu'avez-vous à m'apprendre ?...

Sardat leva ses deux bras vers le plafond, et les laissant retomber d'un air navré le long de son corps, répondit d'une voix sombre :

— Il s'est évadé...

Malgré son pied malade, madame Daumont se dressa comme mue par un ressort.

Quoique s'attendant bien à une catastrophe quelconque, jusqu'à ce moment elle s'était efforcée de ne pas y croire.

Les paroles du docteur dissipaient tous ses doutes.

L'homme dont la comtesse Kourawieff avait parlé la veille à l'hôtel de la rue Linné ne pouvait être que celui-là !

Ainsi donc une prévision invraisemblable et redoutable entre toutes allait se réaliser.

Le docteur de Lorbac, le mari de Thérèse, allait être chargé de rendre la raison et la mémoire à Gaston Dauberive, le père de Pauline !

La marâtre frissonna de la tête aux pieds.

— Evadé ! — répéta-t-elle d'une voix tremblante, — le numéro 572 s'est évadé ! — Ne me dites pas cela, monsieur !... On ne doit point s'évader de votre maison !...

— C'est, en effet, la première fois que chose semblable se produit ici ! — répliqua le docteur. — Il m'est impossible, complètement impossible d'y rien comprendre... — Vous me voyez bouleversé, au désespoir!... Mais on le reprendra, le misérable!... il est certain qu'on le reprendra!... Les fous sont faciles à reconnaître, et particulièrement celui-là!

Sardat parlait avec une extrême agitation, et son bouleversement n'était point du tout simulé.

Eugénie Daumont dévorait de son mieux sa colère.

Elle voulait savoir dans quelles circonstances l'évasion avait eu lieu.

— Mais enfin, monsieur, — fit-elle, — comment allez-vous m'expliquer cette catastrophe, car c'en est une véritable!... — Vos pensionnaires ne sont donc pas enfermés? gardés?... surveillés?... — Vous n'avez donc pas de barreaux à vos fenêtres, de camisoles de force et d'employés vigilants et vigoureux?

— Nous avons tout cela, madame...

La marâtre haussa les épaules et reprit violemment :

— Il faut cependant qu'il y ait eu négligence ou trahison!...

— Ni l'un ni l'autre!

— Je serais curieuse de vous entendre me prouver cela!!

— J'espère y parvenir...

— Faites-le donc!...

— Depuis vingt ans, madame, grâce à mon zèle infatigable, j'ai amené au plus haut point de prospérité la maison que je dirige : je sais combien est grande ma responsabilité vis-à-vis de la société et des familles, et je prends mes mesures en conséquence! — Aucune précaution n'a été négligée et je suis absolument certain de la fidélité de mes gardiens, aussi, je vous le répète, c'est la première fois qu'un pareil accident se produit, et je donnerais de grand cœur une très forte somme pour qu'il ne soit point arrivé! — Mon intérêt vous est d'ailleurs un sûr garant de ma franchise...

— Ceci ne m'explique pas comment cet homme a pu s'évader...

— Eh! madame, sa fuite était le résultat d'une véritable conspiration...

— Une conspiration?... que signifie cela?

— Le numéro 572, ou plutôt Gaston Dauberive, devait avoir au dehors des amis résolus, disposant de puissants moyens d'action...

— Des amis! — quels amis? — demanda madame Daumont de plus en plus épouvantée à mesure que les proportions de l'affaire grandissaient.

— Vous comprenez bien qu'à cette question je ne puis répondre, mais écoutez, madame, et vous jugerez...

— Je vous écoute, monsieur... — parlez vite!...

Le docteur répéta brièvement le récit fait par Jarry et déjà connu de nos lecteurs.

— Mais ces hommes, — s'écria la marâtre, — ces hommes qui garrottaient votre gardien-chef, ces hommes qui sciaient les barreaux d'un cabanon et de ce cabanon arrachaient un fou, quels étaient-ils ? Dans quel intérêt agissaient-ils ?

— On l'ignore...

— Quoi ! pas même de soupçons ?

— Aucuns...

— Voilà qui est bien étrange... plus qu'étrange... Vous en conviendrez !

— Eh ! madame, je vous l'ai dit tout d'abord cela me paraît, comme à vous, inexplicable ! !

— Comment ces gens ont-ils pu pénétrer chez vous ?

— Par escalade, en franchissant les murailles d'enceinte... — il leur a été facile ensuite d'ouvrir les portes avec les clefs trouvées sur le gardien-chef.

— Quelles mesures avez-vous prises pour remettre la main sur le fugitif et le réintégrer dans son cabanon ?

— Il ne me restait qu'un parti à prendre après les battues infructueuses opérées dans le parc et dans les environs de la maison de santé...

— Lequel ?

— Celui de m'adresser à la police...

Eugénie ne put contenir un geste d'effroi.

— J'espère bien que vous ne l'avez pas fait ! — s'écria-t-elle.

En présence de l'attitude effarée de la visiteuse le docteur Sardat avait reconquis tout son aplomb.

— En effet, madame, — répliqua-t-il, — j'ai cru devoir m'abstenir, non pour moi qui suis entièrement couvert par le procès-verbal du médecin et par l'ordre d'internement émané du ministère de l'Intérieur, mais dans l'intérêt de ceux par qui le numéro 572 m'a été confié... — J'ai pensé aux conséquences fâcheuses que pourrait entraîner pour eux l'indiscrète intervention de la police... Mais si la réflexion vous démontrait que j'ai eu tort, vous n'auriez qu'à me le dire... — il n'est point trop tard pour adresser une plainte au parquet... Dois-je le faire?

— Non... non... gardez-vous en bien...

Madame Daumont demeura silencieuse pendant quelques minutes, réfléchissant.

— Etes-vous certain, — dit-elle ensuite, — que le gardien-chef, bâillonné, réduit à l'impuissance, n'était pas complice?

— Eh! madame, il a failli payer de sa vie sa résistance! — Sans parler du baillon qui l'étouffait, il aurait suffi, pour le tuer raide, que la balle déviât de quelques millimètres... — Le supposer complice serait de tout point absurde.

— Le numéro 572 était bien véritablement fou, n'est-ce pas?

— Madame, — répliqua le docteur avec un légitime orgueil, — quand on a passé vingt ans dans ma maison de santé, en admettant qu'on y soit entré avec toute sa raison, on est fou à lier en en sortant!

— Il n'avait point recouvré la mémoire des noms ?
— Assurément, et il ne la recouvrera jamais !
— L'affirmeriez-vous ?
— Sans hésiter.
— Supposons qu'il ait été recueilli dans une maison où pour un motif quelconque on cherche à le guérir... Supposons qu'on le confie aux soins d'un spécialiste éminent, la guérison serait-elle possible ?

Sardat répondit sans hésiter :

— Je ne le crois pas...
— Ainsi, c'est entendu, vous ne ferez aucune démarche pour retrouver cet homme ?
— Aucune... — J'attendrai vos ordres...
— Il faut éviter le bruit... éviter surtout que le nom de l'évadé soit prononcé...
— Nous ferons le silence... Soyez sûre, madame, que vous n'avez rien à craindre... absolument rien...
— Oh ! moi, je ne suis pas en cause... je n'ai jamais été qu'une intermédiaire chargée de vous payer... Mais il existe d'autres personnes que ceci intéresse au plus haut point... — L'évadé pourrait réclamer de l'argent...
— Comment le ferait-il, puisqu'il ne se souvient d'aucun nom et qu'il a même oublié le sien...
— C'est vrai... — Ne pourrais-je voir le cabanon où il était enfermé et parler au gardien qui a été victime de cette évasion ?
— Vous le pourrez si vous le voulez... — Rien de plus facile...

X

— Plus je réfléchis, reprit madame Daumont, — plus je trouve cette évasion incompréhensible... — Des amis, avez-vous dit... des protecteurs... Il n'en avait pas... — Qui pouvait songer à un homme disparu depuis tant d'années? Qui pouvait avoir cherché et découvert sa trace?...

— Il est certain cependant qu'on l'a découverte, — répliqua le docteur, et non moins certain qu'on avait à cela un intérêt...

— Menaçant... — acheva la marâtre en quittant son siège.

Elle voulut marcher, mais fit un faux pas, fut obligée de s'appuyer au dossier d'un fauteuil et prit sa canne.

— Vous vous soutenez avec peine... — dit Sardat. — Seriez-vous blessée?

— C'est peu de chose... je souffre encore des suites d'une entorse, mais cela va mieux.

— Appuyez-vous sur moi...

Le docteur offrit son bras et poursuivit :

— Nous allons visiter le cabanon de l'évadé et je ferai appeler le gardien que vous désirez voir...

Soutenue tout à la fois par sa canne et par le bras de Sardat, Eugénie put avancer.

— Allez prévenir le gardien-chef que je l'attends aux cabanons... — commanda le directeur à l'employé de service dans le vestibule, puis il se dirigea avec la visiteuse vers le corps de bâtiment où Gaston Dauberive avait été enfermé.

Sur le seuil de ce bâtiment, Jarry les rejoignit.

Il portait le bras en écharpe.

— Voici Michel, le gardien-chef dont je vous ai parlé, madame, — fit le docteur Sardat, — il a failli perdre la vie en cherchant à empêcher l'évasion du numéro 572.

En entendant ces mots, Jarry tressaillit de joie.

Le hasard, ou plutôt sa chance heureuse, le mettait en présence de la personne ou d'une des personnes qui avaient fait enfermer le sculpteur.

Il allait donc enfin connaître le mot de l'énigme indéchiffrable jusqu'à ce moment!

Par malheur la voilette épaisse ne lui permettait point de distinguer les traits de madame Daumont.

Celle-ci le dévisagea à travers les dentelles de cette voilette.

— Ah ! c'est vous, monsieur, — dit-elle, — qui avez assisté à l'évasion sans pouvoir l'entraver, malgré tous vos efforts...

— C'est moi, oui, madame.

— Pourriez-vous reconnaître les gens entrés dans cette maison par escalade et qui vous ont si fort maltraité ?

— Non, madame... — Ils avaient eu la précaution de noircir leur figure...

— Pourquoi n'avez-vous point appelé à votre aide ?

— Avant d'avoir pu le faire, j'étais saisi, bâillonné, ligotté, réduit à l'impuissance.

Tout en répondant, Jarry cherchait à découvrir chez son interlocutrice un détail quelconque à graver dans sa mémoire et qui lui servirait à la retrouver.

Ses yeux tombèrent sur la canne qu'elle tenait à la main.

— Elle boite... — se dit-il. — Est-ce une infirmité habituelle ou le résultat momentané d'un accident ?...

— Vous avez les clefs ? — demanda Sardat à Jarry, — nous allons au cabanon du 572...

— Monsieur le directeur, il est ouvert, les réparations n'étant point encore faites...

On se dirigea vers la cellule où Gaston Dauberive avait si longtemps langui désespéré.

Jarry marchait devant.

Le docteur soutenait Eugénie Daumont qui, sortie trop tôt, souffrait visiblement des suites de son imprudence.

— Je vous assure, madame, — lui dit-il — que votre canne vous est plus nuisible qu'utile... — Si vous y consentez nous allons changer de position... — je vous donnerai le bras du côté de votre jambe malade, vous vous appuyerez sur moi beaucoup plus que vous ne le faites en ce moment, et vous vous en trouverez bien, j'en réponds, car alors ce sera moi et non plus votre canne qui maintiendrai l'équilibre... — Essayons... — Vous allez voir...

— Je ne demande pas mieux...

— Michel, prenez la canne de madame.

Le gardien-chef obéit et s'empressa de jeter les yeux sur la pomme d'argent du jonc où se trouvait gravé l'écusson de la famille de Lorbac.

Cet écusson, très simple, représentait trois tourelles crénelées d'argent, placées les unes au-dessus des autres sur champ d'azur.

Au lieu de couronne un casque de chevalier.

Pour support, deux lévriers debout.

— C'est ce qu'on appelle des *armoiries*... — pensa Jarry. — Ça pourra me servir...

Et il grava dans sa mémoire la forme et les moindres détails de l'écusson.

On arrivait au cabanon.

Il en poussa la porte.

Sardat y introduisit la visiteuse.

— C'est ici que notre fou se trouvait, — lui dit-il.
— Voyez à cette fenêtre les solides barreaux qu'il a fallu couper pour rendre l'évasion possible.

Eugénie s'approcha de la fenêtre et examina les traits de scie couverts de rouille.

— Voilà — fit-elle tout à coup, — voilà qui me confirme dans ma croyance que les gens par qui l'évasion s'est opérée devaient avoir ici des intelligences.

En disant ce qui précède, madame Daumont rivait ses yeux sur le gardien-chef.

Tout en sentant le poids de ce regard, Jarry resta impassible.

— Pourquoi donc croyez-vous cela, madame ? — demanda le docteur Sardat.

— Il est impossible qu'on ait pu couper en une seule nuit des barreaux de cette épaisseur...

— Rien ne prouve que le fou ne les a pas sciés lui-même.

— D'accord, mais il aurait fallu, dans ce cas, qu'on lui fasse passer une lime...

— Une enquête sérieuse m'a prouvé qu'une telle supposition était inadmissible...

Le gardien chef intervint.

— Au reste, — dit-il, — madame se trompe... Un essai a été fait sous mes yeux, et en moins de deux heures, avec une scie à métaux très fine et d'une trempe supérieure, on a pu scier deux barreaux...

— Après l'évasion, — demanda la marâtre, — on n'a rien trouvé dans cette cellule?

— Absolument rien...

Eugénie courba la tête.

— Enfin, monsieur, — reprit-elle en s'adressant à Sardat, — vous savez ce dont nous sommes convenus... Veuillez vous en souvenir. J'espère vous revoir avant peu...

On reconduisit la visiteuse jusqu'au fiacre qui l'attendait dans la cour.

— Si seulement je pouvais la suivre... savoir où elle va... — pensait Jarry.

Tout en formulant *in petto* cette réflexion, Jarry regardait la voiture et cherchait son numéro.

Il aperçut ce numéro — le 549 — inscrit sur les lanternes avec le mot : URBAINE.

Le docteur ouvrit la portière.

Madame Daumont s'installa sur les coussins.

Jarry lui tendit la canne qu'il tenait à la main.

— A Paris... — dit Eugénie à son cocher en faisant de la main un dernier signe à Sardat.

Le fiacre roula.

Une fois sur la grande route la marâtre put s'abandonner aux pensées peu rassurantes suggérées par les incidents qu'elle venait d'apprendre.

Les probabilités devenaient certitudes.

Évidemment, le fou dont la comtesse Kourawieff avait parlé la veille à son gendre ne pouvait être que Gaston Dauberive.

Mais, ce point admis, surgissaient des problèmes sans nombre.

Comment Gaston se trouvait-il chez la comtesse?

Qui l'y avait amené?

Quel était l'intérêt de cette étrangère à la mise en liberté du sculpteur et quelle part avait-elle prise à son évasion?

Par qui était-elle arrivée à connaître le lieu de son internement?

Ce ne pouvait être par l'agent Joachim Touret, qu'elle savait mort.

Le révélateur pouvait être le docteur Loizet, qu'elle croyait vivant encore. Mais où le trouver, et d'ailleurs à quoi bon?

Que faire, enfin, au milieu des ténèbres mystérieuses dont elle se sentait entourée? — Quel parti prendre pour lutter contre un danger certain, mais invisible?

Questionner la comtesse Kourawieff serait aller au-devant du soupçon.

Interroger M. de Lorbac constituerait un péril égal, sinon plus grand.

A de certains moments le fou avait des lueurs de raison, — la comtesse l'avait dit elle-même.

Dans un de ces moments il parlerait, il raconterait son histoire, et son auditeur serait précisément M. de Lorbac appelé pour lui rendre la mémoire...

Il ne fallait qu'un éclair de cette mémoire, il ne

fallait qu'un nom prononcé, et le mari de Thérèse connaîtrait le passé funeste...

De quelque côté que se tournât madame Daumont, elle n'entrevoyait rien de rassurant et l'épouvante l'envahissait.

Un seul et vague espoir lui restait c'est que Gaston Dauberive, ne recouvrant pas la mémoire, ne pourrait prononcer son nom ni celui de sa fille.

Mais, nous le répétons, cet espoir était vague.

Elle savait trop que son gendre était un médecin aliéniste de premier ordre et capable d'opérer un miracle.

Dans l'impossibilité d'agir en ce moment de façon utile, madame Daumont résolut de surveiller en cachette la comtesse Kourawieff et de se tenir prête à faire face aux événements qui pourraient se produire.

En arrivant à Paris elle ordonna à son cocher de la conduire directement où il l'avait prise, et là elle mit pied à terre.

Il était deux heures et demie de l'après-midi; — la marâtre était encore à jeun.

Elle entra chez un pâtissier du boulevard Saint-Martin et se fit servir des gâteaux qu'elle arrosa d'un verre de vin de Xérès.

A trois heures précises elle traversa en boitant tout bas le passage conduisant à la rue Meslay, et monta dans la voiture qui l'attendait.

A trois heures et demie elle rentrait à l'hôtel de la rue Linné.

— Elle est folle !... absolument folle ! — s'était écrié M. de Lorbac en apprenant la sortie de sa belle-mère.

Quand elle vint s'asseoir à table pour le dîner, il lui adressa de très sérieux reproches.

— Ne me grondez pas, mon cher gendre, — répondit-elle en grimaçant un sourire, — j'avais à faire une visite importante à une ancienne amie...

— Ne pouviez-vous donc remettre cette visite?...

— Non, mais cela ne m'a fait aucun mal... — Je vous assure que je ne me sens pas fatiguée...

Madame Daumont, en parlant ainsi, mentait.

Le docteur, après dîner, constata que l'enflure du pied avait augmenté et que la cheville était gonflée et douloureuse.

Cela n'empêcha point la marâtre d'assister le soir à la réunion de famille.

Elle tenait à entendre tout ce qui se dirait, et elle espérait pouvoir adresser à son gendre quelques questions non compromettantes, mais elle n'eut pas besoin de le faire.

Ce fut Renée qui se chargea d'interroger à sa place.

— Eh bien, père, — demanda la jeune fille avec une curiosité bien naturelle, — tu as vu le protégé de la comtesse Kourawieff?

— Oui, ma mignonne... — répondit M. de Lorbac.

— Est-il réellement fou ?

— Malheureusement, oui.

— T'a-t-il raconté son histoire ?

— Il m'a raconté beaucoup de choses dont la plupart, je le crois, n'ont jamais existé que dans son imagination malade.

— Le guériras-tu ?

— J'essayerai.

— Espères-tu réussir ?

— J'ai dix-neuf chances mauvaises contre une bonne...

Madame Daumont respira plus librement.

Renée reprit :

— Il a tout à fait perdu la mémoire des noms, nous disait la comtesse...

— Elle n'exagérait point.

— Cette mémoire peut-elle revenir ?

— Je te réponds comme tout à l'heure : — Il y a dix-neuf mauvaises chances contre une bonne...

— Ce fou est-il un homme âgé ? — fit madame Daumont à son tour.

— Il paraît très âgé, mais je ne crois pas qu'il ait plus de quarante-cinq ou quarante-six ans.

— Est-ce un Français ?

— Je n'ai aucune raison pour supposer le contraire...

— Au milieu des divagations que vous signaliez, vous a-t-il parlé de sa famille ?

— Chère belle-mère — répliqua M. de Lorbac riant — vous m'en demandez trop long... — je ne vous répondrai plus... — le médecin est comme le confesseur, il écoute tout, il entend tout, et doit rester muet... — Vous m'avez entendu répéter cela vingt fois... — Du reste, à nos réunions de famille, j'aime peu m'occuper de mes malades...

— Et vos malades m'intéressent fort peu, je vous assure !... — dit aigrement la marâtre.—Je vous demandais cela comme je vous aurais demandé autre chose... tout simplement pour causer...

La conversation changea de sujet et de nouvelles questions n'eurent plus de raison d'être.

XI

La comtesse Kourawieff s'était empressée de suivre les ordonnances de M. de Lorbac.

Dans la journée elle avait fait acheter tout ce qui pouvait métamorphoser la chambre de Gaston Dauberive en un véritable atelier et lui rappeler son ancienne profession.

Le sculpteur regardait ces apprêts d'un œil morne.

On eût dit qu'il ne se souvenait nullement de ce qu'il avait été autrefois.

Dans la soirée, madame Kourawieff avait écrit sur une feuille de papier à lettre ce petit mot :

VENEZ

Elle avait signé : Adèle, mis sous enveloppe et tracé l'adresse suivante :

Monsieur Michel

gardien chef

à la maison de santé de Bonneuil

Le lendemain matin, Jarry reçut ce billet laconique.

Il demanda aussitôt au docteur Sardat la permission de s'absenter, obtint cette permission, et sans perdre une minute partit pour Paris et se rendit en droite ligne à l'hôtel de la rue Saint-Dominique.

La comtesse l'attendait avec impatience.

— Vous avez besoin de moi ? — lui demanda-t-il.

— Oui.

— Que dois-je faire ?

— Il faut que tu quittes Bonneuil et que tu viennes t'installer ici.

— Pourquoi ?

— J'ai consulté l'un des premiers aliénistes de Paris, médecin en chef de la Salpêtrière... Gaston Dauberive, m'a-t-il dit, peut avoir de soudaines crises de fureur qui mettraient ma vie en danger si quelqu'un d'intelligent et de vigoureux n'était sans cesse à portée de veiller sur lui.

— Sapristole ! — murmura Jarry, — voilà qui est bien désobligeant !

— Cette surveillance te déplaît ?

— Non, mais elle me gêne...

— Comment ?

— Elle va m'empêcher de suivre une piste.

— La piste de qui ?

— Des gens qui ont fait interner Gaston Dauberive...

— Tu les connais !... — s'écria la comtesse.

— Si je les connaissais nous n'aurions plus rien à apprendre... donc je ne les connais pas encore, mais je suis sur la voie... Une femme est venue hier à Bonneuil s'informer du numéro 572... Par malheur je n'ai pu distinguer ses traits sous la voilette épaisse qui cachait son visage... — Cependant j'ai des indices qui, je l'espère, me permettront de la retrouver... — Elle a appris l'évasion qu'elle ne soupçonnait pas, et cette évasion a paru la déconcerter et l'inquiéter dans les grands prix, ce qui ne m'a point étonné...

— Ne pourrais-tu, avec beaucoup d'adresse, obtenir que le docteur Sardat te dise son nom ?...

— Il ne le sait pas lui-même.

— Quels sont les indices grâce auxquels tu espères la retrouver ?

— Le numéro du fiacre qui l'a amenée de Paris à Bonneuil. — Par le cocher de ce fiacre je saurai où elle est descendue.

— Rien n'est moins sûr... — si c'est une femme avisée, prenant ses précautions, elle aura eu grand soin de ne pas se faire conduire jusqu'à sa demeure.

— C'est improbable...

— Pourquoi ?

— Cette dame est infirme... — Elle marche difficilement, en boitant beaucoup et en s'appuyant sur une canne... — A propos de cette canne je vais vous montrer quelque chose.

Jarry tira son portefeuille, l'ouvrit et prit un carré de papier sur lequel il avait de mémoire reproduit très fidèlement l'écusson décrit par nous, portant *d'azur à trois tourelles crénelées d'argent, timbré d'un casque de chevalier et supporté par deux lévriers debout.*

Il mit ce papier sous les yeux de la comtesse.

— Qu'est-ce que ce blason ? — demanda-t-elle.

— La copie exacte du dessin gravé sur le pommeau d'argent doré de la canne dont je vous parlais tout à l'heure.

— Cela peut être utile, en effet... — un archiviste paléographe dira sans doute à quelle famille appartiennent ces armes... — Evidemment nous avons affaire à des gens de la haute classe... — Mais il faut avant tout retrouver le cocher...

— Cela sera facile, — la voiture, une de celle de la Compagnie *l'Urbaine*, porte le numéro 549.

— Vois le cocher le plus tôt possible... c'est très important.

— Je le comprends, et c'est pour cela que la surveillance que vous voulez m'imposer me semble gênante car, me clouant ici, elle m'empêchera de m'occuper de nos affaires extérieures.

— On peut remédier à cela...

— Comment?

— Ton service ne commencera que le soir; — Nicolas, mon valet de confiance, fera le service de jour...

— Vous avez raison... tout s'arrangera... — Revenons à l'aliéniste que vous avez vu... — Vous a-t-il promis une guérison prompte et complète?

— Non pas! — La guérison ne lui paraît nullement certaine et, si elle arrive, ce ne sera qu'après beaucoup de temps et de soins.

— Voilà de fâcheux pronostics! — Nous risquons d'attendre indéfiniment la fortune.

— Si l'attente doit être longue, nous prendrons une décision et nous marcherons dans un autre sens.

— C'est bien dit. — Maintenant, entendons-nous... — Je vous répète ma première question: — Que dois-je faire?

— A cette question j'ai déjà répondu: — Quitte la maison de santé.

— Quand?

— Dès aujourd'hui.

— Sans prévenir le docteur?

— Pourquoi pas?

— Ce serait maladroit... — Ce brusque départ ressemblant à une fuite rendrait manifeste ma complicité dans l'affaire de l'évasion... — Mieux vaut mille fois trouver un prétexte... Je m'en charge... —

Je retourne à Bonneuil *illico*. — Ce soir je serai ici, et dès demain je commencerai mes recherches par le fiacre 549...

— Va donc. — Je t'attends ce soir..

Félix Jarry quitta l'hôtel de la rue Saint-Dominique, prit une voiture et se fit conduire au chemin de fer de Vincennes.

Vers deux heures il était de retour à la maison de santé.

Chemin faisant, — sans se fatiguer l'imagination, — il avait trouvé un prétexte parfaitement naturel et plausible.

Il lui suffirait d'annoncer qu'un de ses parents venait de mourir laissant un petit héritage, et que le règlement de cet héritage l'appelait en province.

En conséquence il se présenta au directeur dès son arrivée et lui expliqua quels motifs le contraignaient à quitter immédiatement sa place de gardien-chef, ajoutant par politesse qu'il regrettait infiniment cette place, et qu'il serait fier à tout jamais de la confiance à lui témoignée par l'éminent docteur Sardat.

L'éminent docteur Sardat, n'ayant aucun moyen de retenir son employé, dut le laisser partir, mais fort à contre-cœur, et en l'engageant à venir reprendre sa place si ses affaires de famille ne l'obligeaient pas à rester trop longtemps en province.

Jarry promit, — cette promesse ne l'engageait guère ! — et à cinq heures, ayant quitté l'uniforme de la maison de santé, l'ancien forçat rentrait à l'hôtel de la comtesse Kourawieff.

Pendant sa courte absence une pièce, dépendant de l'appartement de Gaston Dauberive et communiquant avec sa chambre, avait été disposée pour lui.

De cette façon il ne serait point dans la nécessité de rester debout toute la nuit.

Il lui suffirait d'avoir le sommeil léger et de surveiller depuis son lit les agissements du fou.

Séance tenante, il prit possession de cette chambre.

La surveillance ne semblait guère devoir entraîner de fatigue.

Les crises prévues, ou tout au moins regardées comme possibles par M. de Lorbac, ne pouvaient être fréquentes si nulle cause ne venait les provoquer, et en outre le traitement que Gaston allait subir ne manquerait pas d'en atténuer la durée et la violence.

Pendant le jour, les facilités augmentaient encore.

Le valet russe Nicolas, au cours de ses allées et venues à travers l'hôtel, passait sans cesse auprès de l'appartement occupé par Dauberive auquel il pouvait jeter un coup d'œil en passant.

Le moindre bruit suspect, le moindre symptôme d'agitation insolite, eût d'ailleurs attiré son attention.

Bref Jarry, bien logé, bien nourri, de l'argent dans ses poches et des rêves d'or dans son cerveau, allait avoir la libre disposition de la plus grande partie de ses journées qu'il emploierait à faire ses recherches.

Dès le lendemain, après un court entretien avec madame Kourawieff, il quitta l'hôtel et se rendit au siège de la compagnie de voitures l'*Urbaine* où il comptait trouver le moyen d'être mis en rapport avec le cocher du fiacre 549.

La chose était facile.

Ce cocher était parti du dépôt à sept heures du matin ; il devait y rentrer, pour relayer, à six heures du soir.

Jarry, ayant à tuer beaucoup de temps, se rendit à son logement de la rue Saint-Placide, et de là alla déjeuner dans une crèmerie où il avait quelquefois pris ses repas avant d'être admis à la maison de santé de Bonneuil.

La crèmerie, ou plutôt le petit établissement de bouillon, avait une clientèle assez nombreuse mais point triée sur le volet.

On y rencontrait surtout des femmes dont les moyens d'existence semblaient vagues et qui ne paraissaient nullement appartenir à la tribu vaillante des travailleuses.

Mais Jarry ne faisait point profession de bégueulerie, on le comprend sans peine, et ne nourrissait aucun préjugé contre ce monde de dernier ordre.

Les femmes jeunes étaient en plus grand nombre que les vieilles ; elles offraient avant l'âge des figures fatiguées, des teints plombés, des traits avachis.

La maîtresse de l'établissement avait sous ses

ordres pour tout personnel un garçon de salle et une servante.

Celle-ci s'approcha de Jarry, reconnut en lui un client disparu depuis quelques jours, le salua d'un bonjour amical et lui dit familièrement :

— On ne vous voyait plus... je croyais que vous aviez changé de quartier...

— Non, ma fille... — j'arrive de la campagne...

— Où allez-vous vous placer ?

L'ex-forçat jeta un coup d'œil autour de lui.

Dans un angle trois femmes jouaient à la manille en sirotant un café suspect que corsait un cognac plus que douteux.

Non loin d'elles, mais seule à sa table, une autre femme cassait des morceaux de pain dans un bol de bouillon.

Assez jolie et paraissant âgée de vingt ans environ, blonde, un peu pâle, mais point flétrie, elle était très simplement mise et d'apparence honnête.

Jarry alla s'asseoir à sa table.

— Je ne vous gênerai pas, mademoiselle ? — lui demanda-t-il pour la forme.

— Oh ! pas du tout, monsieur, — répondit la jeune fille.

La servante avait suivi le nouveau venu.

— Qu'est-ce qu'il faudra vous servir ? — fit-elle.

— Voyons d'abord ce que vous avez...

La servante apporta la *carte du jour* écrite au crayon sur une ardoise.

Sur la table, devant la jeune fille il n'y avait qu'une carafe d'eau.

Jarry commanda du vin.

— Bouteille ou demie ?

— Bouteille.

— Du bon ?

— Du meilleur.

— Et avec ça ?

Les yeux sur l'ardoise, Jarry désigna les éléments d'un menu, luxueux ma foi, qui fit tressaillir d'admiration et d'envie les trois femmes jouant à la manille : — Une portion de tête de veau à la vinaigrette, une portion de veau Marengo, des épinards au jus, une salade et un morceau de fromage.

On le servit.

Tout en attaquant sa tête de veau et en remplissant son verre, Jarry désigna la carafe d'eau et dit à sa voisine :

— Est-ce que vous avez l'habitude de boire à vos repas ce bouillon de canard, mademoiselle ?

— Chacun agit suivant ses ressources... — répondit la jeune fille.

— Ça, c'est bien vrai... — Pauvreté n'est pas vice... — Seulement je vous demande la permission de vous verser un peu de ma bouteille...

— Mais, monsieur...

— Oh ! pas de cérémonies !... — Acceptez comme je vous l'offre... de bon cœur...

— Alors, monsieur, j'accepte...

Jarry remplit le verre de sa voisine.

— A votre santé, monsieur... — fit-elle.

— Merci ! à la vôtre !...

Elle but et sa pâleur se colora d'un rose vif.

— Vous avez vraiment l'air d'un bien bon garçon.,. — murmura-t-elle en reposant son verre sur la table.

— J'ai toujours passé pour ça... — répondit l'ex-forçat en riant, puis il ajouta : — Est-ce que vous venez souvent ici ?

— C'est aujourd'hui la deuxième fois.

— Vous habitez le quartier ?...

— Momentanément... — Je cherche une place...

— Ah ! vous êtes domestique ?...

— Oui, monsieur... — J'étais bonne dans une maison de la rue du Bac... — J'en suis partie hier matin...

— Vous êtes de Paris ?

— Je n'en sais rien.

Jarry regarda sa voisine en riant.

— C'est une plaisanterie que vous me faites là ! — lui dit-il.

— Nullement...

— Vous ne connaissez pas votre pays ?

— Non, monsieur... — je suis peut-être née à Paris, mais je l'ignore.

— Comment donc ça ?

— J'ai été déposée aux Enfants-Trouvés il y a vingt ans...

En entendant ces mots, l'associé de la comtesse Kourawieff tressaillit et regarda plus attentivement la jeune fille.

— Ah ! vous avez été déposée aux Enfants-Trouvés... — répéta-t-il.

— Oui, monsieur...

— Il y a vingt ans ?...

— Oui, monsieur.

— A Paris?

— A Paris.

— C'est drôle! — murmura l'ancien forçat, comme se parlant à lui-même.

— Quoi donc ? qu'est-ce qui est drôle ?

— Rien... une idée à moi... — Et quel âge avez-vous ?

— Je dois avoir vingt et un ans passés... j'avais à peu près quinze mois, à ce qu'il paraît, quand j'ai été déposée...

— Par qui?

— Ah! quant à ça, cherche !

— Mais on devait avoir attaché à vos langes quelque indice devant aider à vous reconnaître plus tard...

— C'est bien possible...

— Ne le savez-vous donc pas ?

— Non... — Aux Enfants-Trouvés on ne vous dit absolument rien... — Les administrateurs et ceux qui vous ont déposés savent seuls si quelque chose peut vous faire reconnaître un jour..

— Comment vous appelez-vous ?

— Pauline.

En attendant ce nom Jarry, malgré son sang-froid habituel, s'oublia jusqu'à donner sur la table un grand coup de poing qui fit retourner tout le monde dans la crèmerie.

— Pauline ! — répéta-t-il — Vous avez dit Pauline !

— Eh bien, oui, j'ai dit Pauline, puisque c'est mon nom... — Qu'est-ce qu'il y a d'étonnant à cela, et qu'est-ce qui vous prend ?

— Rien... Rien... encore une idée à moi — N'empêche pas que c'est bien singulier !... — Et, à ce nom de Pauline on n'en a pas ajouté d'autre ?

— Non, aucun... — Mais pourquoi me demandez-vous ça ?

— Pour rien... toujours une idée à moi...

— Quelle idée ?

— Je vous dirai ça plus tard... si nous nous revoyons...

— Vous habitez ce quartier, monsieur ?

— Oui... — un petit appartement à deux pas d'ici, rue Saint-Placide...

— Dans vos meubles ?

— Parfaitement dans mes meubles... — il n'y a que les gens sans consistance qui logent en garni...

— Et ceux qui n'ont pas de meubles... — soupira la jeune fille.

XII

— Il me vient une idée, — dit Jarry après un silence, — j'ai besoin d'une bonne... vous cherchez une place... — L'affaire pourrait s'arranger.

— Vous me prendriez à votre service ? — demanda la jeune fille.

— Pourquoi pas ? — Que savez-vous faire ?

— Un peu de cuisine... pas beaucoup... mais je tiens le ménage très propre.

— Ça me suffira... — Le travail ne sera pas fatigant. — Je ne suis presque jamais chez moi, étant occupé à la campagne où je couche le plus souvent... — Quant aux repas, je les prends presque toujours dehors... — On vous dressera un lit de camp dans la première pièce, et quand j'aurai passé une nuit à la maison vous me cuisinerez le matin deux œufs sur le plat ou une côtelette... — Le reste du temps vous mettrez de l'ordre et vous ferez ce que vous voudrez... — Quant aux gages, je vous donnerai ce que vous avez l'habitude de gagner... — Ça vous convient-il ?

— Je le crois bien, monsieur, que ça me convient !

— Alors nous sommes d'accord... — Vous devez avoir une malle ?

— Oui, monsieur, dans un petit hôtel de la rue du Bac.

— Vous irez la chercher... — Voici un louis à valoir sur vos gages pour le cas où vous auriez quelque dépense à faire... — Nous nous retrouverons ici à l'heure du dîner et je vous installerai ce soir.

Jarry paya les deux déjeuners et quitta l'établissement de bouillon enchanté de l'affaire qu'il venait de conclure avec cette jeune fille âgée de vingt et un ans, élevée aux Enfants-Trouvés et se nommant Pauline.

Nous ne tarderons point à expliquer les motifs de son contentement, mais la plupart de nos lecteurs les ont devinés déjà.

L'ex-forçat se présenta au dépôt des voitures de la compagnie l'*Urbaine* au moment où il était à peu près certain d'y trouver le cocher du fiacre 549.

A six heures moins dix minutes ce fiacre n'avait point paru.

Jarry s'installa dans la loge du concierge et il

examina les numéros des voitures qui rentraient pour relayer.

A six heures cinq minutes le fiacre qu'il attendait, et dont il reconnut immédiatement le conducteur, passa devant lui.

Il sortit de la loge et suivit le numéro 549 au fond de la cour.

Au moment où le cocher descendait de son siège un palefrenier lui cria :

— Ressortirez-vous, Morel ?

— Oui. — Attelez. — Je sors...

Jarry s'avança.

— Et moi, mon brave, — dit-il, — je vous prends...

— A votre disposition, monsieur.

— J'aurai quelques petits renseignements à vous demander...

— Je vous les donnerai avec plaisir, si je puis.. Mais laissez-moi aller faire viser ma feuille... je reviens.

Le cocher se dirigea vers le bureau des vérifications et revint au bout de quelques minutes.

Un cheval frais était attelé.

— De quels renseignements s'agit-il ? — demanda le cocher à son client.

— Montez sur votre siège, — répondit Jarry, — sortez et faites halte à la porte d'un *mastroquet* quelconque... — Nous causerons en vidant une fine bouteille...

— Grimpez dans la boîte, bourgeois... ça ne traînera pas.

Un instant après le fiacre s'arrêtait devant un établissement de marchand de vins.

Conducteur et voyageur s'attablèrent à la porte.

— Voyons, causez... — fit Morel.

Sans préambule Jarry commença :

— Vous êtes allé hier à Bonneuil.

— Oui.

— A la maison de santé...

— Oui.

— Vous conduisiez une dame pas jeune qui boitait tout bas...

— Parfaitement... — répliqua le cocher très intrigué, — mais ce n'est pas me questionner, ça !... — c'est me raconter ce que vous savez aussi bien que moi... — Le diable m'emporte si je devine comment, par exemple ! — *Est-ce que vous en êtes?*...

Jarry ne pouvait se méprendre au sens de ces mots : — *Est-ce que vous en êtes*...

Aussi répondit-il sans la moindre hésitation :

— Inspecteur de la brigade de sûreté.

Puis, voyant une grimace sur la figure de son interlocuteur, il ajouta :

— Vingt francs pour vous si vous me répondez franchement.

— Vingt francs sont bons à prendre, mais j'aurais répondu sans cela, je n'ai rien à cacher.

— Où aviez-vous pris la boiteuse d'hier ?

— Au boulevard Saint-Martin, en face les Folies-Dramatiques... — C'est un camelot qui est venu me dire d'aller charger la dame de l'autre côté du boulevard... — Elle ne pouvait pas traverser, rapport à sa *guibolle*...

— Sortait-elle de chez elle?

— Je n'en sais rien, mais ça m'en avait tout l'air...

— Où l'avez-vous ramenée en revenant de Bonneuil?

— Au même endroit...

— Donc elle rentrait à son domicile...

— C'est ce que j'ai supposé...

— Reconnaîtriez-vous la maison devant laquelle vous l'avez arrêtée?

— Parbleu!... c'est la maison qui touche à celle du pâtissier chez qui elle est entrée en descendant de ma guimbarde...

— Bon!... alors, en chasse!... achevons la bouteille et conduisez-moi au boulevard Saint-Martin...

Une demi-heure plus tard le 549 s'arrêtait devant la maison du pâtissier.

Jarry descendit.

— Je n'ai plus besoin de vous, mon brave, — dit-il au cocher. — Voici vos vingt francs.

Tandis que le fiacre s'éloignait, l'ancien forçat franchit le seuil de la boutique de pâtisserie et demanda si l'on se souvenait d'avoir eu pour cliente, la veille, une dame âgée, boiteuse et s'appuyant sur une canne.

On se souvenait à merveille.

La dame, arrivée vers trois heures, avait mangé des petits gâteaux et bu un verre de vin de Xérès mais on ne la connaissait pas et certainement elle n'habitait point la maison.

Le concierge, questionné ensuite, déclara qu'aucune boiteuse ne faisait partie de ses locataires.

— Du reste, — ajouta-t-il, — voyez mon collègue de la rue Meslay... il vous répondra pour le second corps de bâtiment.

— La maison a donc deux concierges?

— Oui, monsieur, comme elle a deux entrées, celle-ci sur le boulevard et l'autre sur la rue Meslay.

— Je suis volé, — pensa Jarry, — la boiteuse est une *roublarde!* — Elle est entrée par une porte et sortie par une autre afin de dépister mon *filage* possible!... Voilà une affaire qui s'annonce mal...
— Reste l'écusson gravé sur le pommeau de la canne... — Nous verrons...

Et, comme il était l'heure d'aller retrouver au petit restaurant la jeune fille élevée aux Enfants-Trouvés et se nommant Pauline, il reprit le chemin de la rue Saint-Placide.

⁂

Laissons s'écouler un intervalle d'une quinzaine de jours.

M. de Lorbac, quoiqu'il eût annoncé à madame Kourawieff qu'il ne ferait qu'au bout de quelques jours sa seconde visite à l'hôtel de la rue Saint-Dominique, était revenu deux ou trois fois par semaine, afin d'étudier les modifications qui devaient se produire dans l'état moral du protégé de la comtesse à la suite du traitement ordonné par lui.

C'est que Gaston Dauberive, outre qu'il fournissait au docteur un champ d'observations très curieuses, l'avait profondément intéressé.

Le sculpteur, sous la surveillance attentive de Nicolas, pendant le jour, et de Jarry pendant la nuit, suivait avec une exemplaire docilité le régime auquel il était soumis.

Sachant que M. de Lorbac agissait en vue de lui rendre la mémoire, il en éprouvait une gratitude infinie.

Pour lui, la mémoire reconquise c'était sa fille retrouvée sans doute, et c'était aussi la vengeance possible contre ceux qui l'avaient lâchement trahi et livré lâchement à ses persécuteurs, à ses bourreaux.

L'espoir d'embrasser son enfant et de punir ses ennemis le surexcitait.

Mais, sauf pendant les visites du docteur, il se montrait sombre, taciturne, et s'absorbait dans une sorte de rêverie qui durait des heures entières.

Ostensiblement il n'accordait aucune attention aux objets d'une nature toute spéciale qui transformaient sa chambre en atelier et devaient lui rappeler l'exercice de son art, mais madame Kourawieff, qui l'épiait souvent à la dérobée, l'avait vu un jour mouiller la terre glaise et essayer de modeler comme autrefois.

Un léger bruit venu du dehors ayant en ce moment frappé son oreille, il avait brusquement jeté loin de lui ses ébauchoirs.

Deux jours après il les reprit de nouveau et tenta de s'en servir, mais il interrompit bientôt le travail commencé.

Sa main ne lui obéissait pas.

Il semblait avoir oublié les principes les plus élémentaires du côté matériel du métier de modeleur.

Son visage exprimait alors une véritable désolation.

Madame Kourawieff rendit compte à M. de Lorbac de ce qu'elle avait vu, observé.

— Il regrette sa déchéance, — dit le docteur, — il souffre de se trouver inférieur à lui-même... — C'est un résultat obtenu... — Il y a là un pas en avant, une amélioration réelle... Nous marchons vers le but, seulement, je le répète, le chemin sera long à parcourir...

— Comment faut-il traduire le mot : *long ?* que représente-t-il dans votre esprit ?

— Un an... deux ans peut-être... — Mais peut-être aussi la lueur que je veux provoquer jaillira-t-elle à l'improviste et plutôt qu'on n'oserait l'espérer et l'attendre...

— Oh ! si cela pouvait être ! — s'écria madame Kourawieff.

— N'y comptez pas, mais si c'est improbable ce n'est point impossible... — Mon premier traitement a produit l'effet que j'en attendais, maintenant je vais modifier du tout au tout le régime... — J'ai diminué volontairement, presque annihilé les forces physiques, je vais raviver l'énergie perdue et la grandir encore... — Je ne me dissimule point que ma tentative est audacieuse... — Ils sont nombreux ceux qui refuseraient de la tenter... — Avant de jouer en quelque sorte le succès à pile ou face, j'ai voulu vous consulter... que me conseillez-vous ?

— Je ne puis vous répondre que ceci : — J'ai foi en vous... je crois à votre science...

— La science n'est point infaillible...

— Je ne crains pas les défaillances de la vôtre... — agissez hardiment...

— C'est votre avis ?

— Oui — cent fois pour une !...

— Je vais alors employer — (comme on disait jadis) — les *moyens héroïques*... — Il s'agit de modifier du tout au tout le régime suivi jusqu'à ce jour.. — Donnez-moi, je vous prie, de quoi écrire...

M. de Lorbac libella une ordonnance très minutieusement détaillée.

XIII

— Voici, chère madame — dit le docteur en tendant à madame Kourawieff le papier sur lequel il venait d'écrire, — voici mes prescriptions pour un laps de quinze jours, car telle doit être la durée de ce nouveau traitement qui, à de courts intervalles, produira sur notre malade des effets très différents les uns des autres dont il ne faudra ni vous étonner, ni vous inquiéter.

« Chaque jour, au moment du repas du soir et dans le premier verre de boisson, on administrera, en se servant du pèse-gouttes, quatre gouttes de la potion prescrite... — L'attention la plus scrupuleuse est indispensable... — Une goutte de trop compromettrait le résultat attendu... — Deux gouttes détermineraient une crise de folie furieuse qui pourrait tuer le malade... — Prenez bonne note de cela, et ne vous en rapportez qu'à vous-même pour l'administration des doses du médicament...

— Ce sera fait religieusement... — répondit la comtesse.

M. de Lorbac poursuivit :

— Trois heures après le repas, votre protégé devra prendre trois gouttes de la seconde potion indiquée sur l'ordonnance, et cela dans quelque état qu'il se trouve, c'est-à-dire quelle que soit la fièvre amenée par la première potion. — Donc, qu'on ne perde pas la tête et qu'on exécute de point en point mes ordres...

— L'homme de confiance chargé du service de nuit est d'une intelligence hors ligne... il obéira ponctuellement...

Le docteur se retira.

Le soir même madame Kourawieff répétait à Jarry les paroles et les indications du célèbre médecin.

L'ex-forçat, tout en l'écoutant, hochait la tête et murmurait :

— Ça sera bien long !

— Il faut de la patience...

— Nous en avons eu beaucoup déjà ! — Le jour où vous serez fatiguée d'attendre nous brusquerons les choses...

— Comment ?

— Je me réserve de vous l'apprendre en temps utile.

Jarry songeait à cette *Pauline* installée dans son logement de la rue Saint-Placide, et qu'il tenait pour ainsi dire en réserve.

— Patience ! — répéta de nouveau madame Kourawieff.

*
* *

Grâce à sa bêtise naturelle, et surtout à sa fatuité native, Serge, le fils de la comtesse, s'illusionnait de façon complète sur les sentiments qu'il inspirait à Rose Madoux.

Il était convaincu que la jeune fille, voulant le forcer à se déclarer, avait donné mission à mademoiselle de Lorbac de lui demander pour qui il apportait des fleurs.

Très satisfait du tact, — exceptionnel, selon lui, — dont il avait fait preuve, il s'était présenté deux ou trois fois, muni de ses inévitables bouquets, à l'hôtel de la rue Linné, et il s'était retrouvé sans le moindre embarras en présence des deux jeunes filles.

Renée avait pris les fleurs avec une moue qu'elle ne cherchait point à cacher.

Serge, voyant cette moue, se disait avec son habituelle suffisance :

— La petite est jalouse que mes hommages ne s'adressent point à elle! — C'est stupéfiant, parole d'honneur, comme toutes les femmes me gobent!

Rose, que ces obsessions énervaient au-delà du

possible, se mettait au piano lors des visites du jeune homme et s'arrangeait de manière à n'échanger qu'un très petit nombre de phrases banales avec son prétentieux et sot adorateur.

Dès qu'il était parti mademoiselle de Lorbac disait en riant à son amie :

— Faut-il qu'il soit amoureux de toi ! — Malgré l'épaisseur de sa bêtise, il verrait bien qu'il nous excède et que nous nous moquons de lui si l'amour ne lui tournait la tête.

René, à qui sa sœur rendait compte des assiduités de Serge, haussait dédaigneusement les épaules; mais au fond il épouvait un grand dépit de ces poursuites qui, bien qu'irréprochables en leur forme, lui semblaient injurieuses pour celle qu'il aimait.

Car il aimait Rose, il l'aimait de toute son âme, et s'il ne lui avait pas fait encore l'aveu de son amour, c'était non par timidité mais dans la crainte de se heurter à une déception en apprenant que sa profonde tendresse n'était point partagée.

Rose l'aimait-elle ?

Par moments il s'en croyait sûr.

A d'autres moments il en doutait presque, tant la jeune fille était impénétrable.

Devait-il la questionner, la contraindre à le tirer d'une incertitude dont il souffrait ?

Sans doute il l'aurait dû, — il le comprenait bien, — mais un sentiment indéfinissable, plus fort que sa volonté, le contraignait à retarder de jour en jour une explication décisive.

Pour amener cette explication il fallut un incident imprévu, et cet incident ce fut Serge Kourawieff qui le fit naître.

Ne mettant pas en doute un seul instant qu'il ne fût aimé, le fils de la comtesse se disait :

— La timidité, compagne inséparable d'un premier début, ferme la bouche à cette petite... — Elle n'ose avouer carrément les sentiments qu'elle éprouve, ce qui d'ailleurs serait *schoking!!* — C'est à moi de brusquer les choses!... — La pensée qu'elle a fait ma conquête doit affoler littéralement cette ingénue de village, et si elle n'est point encore tombée dans mes bras c'est que je ne l'ai pas voulu ! — Je file l'amour platonique, j'envoie des fleurs et je madrigalise, ce qui est d'une bêtise amère ! — il faut que je trouve un joli moyen d'en finir au plus vite ! — Certes, la galante aventure ne doit point se dénouer dans cet hôtel, ce qui serait difficile et dangereux, mais je suis homme à imaginer quelque chose d'obéliscal !...

Et le jeune imbécile travaillait sa pauvre cervelle.

Après avoir passé en revue vingt moyens plus fous, plus impraticables les uns que les autres, il en arriva à accoucher d'un projet d'une simplicité, nous pouvons même dire d'une naïveté vraiment enfantine.

Il *inventait* ce qui traîne dans tous les vieux romans démodés, dans tous les mélodrames fourbus.

Après avoir établi son plan, qui n'avait assurément rien de compliqué, il s'occupa de la réalisation de ce plan.

Nos lecteurs se souviennent sans doute que Serge Kourawieff avait un ami, le vicomte de Tourbey, propriétaire d'un château voisin de Sucy-en-Brie où il résidait pendant une grande partie de l'année.

C'était même à la suite d'un déjeuner donné par le vicomte à des invités parisiens des deux sexes que Serge avait rencontré pour la première fois Rose, revenant de porter des fleurs sur la tombe de Jeanne Madoux qu'elle croyait sa mère.

Un beau matin Serge fit seller son cob irlandais et prit le chemin du château de Sucy où il arriva vers onze heures.

— Vous arrivez fort à propos, cher ami, — s'écria le vicomte en le voyant, — j'allais déjeuner seul, ce qui m'est toujours souverainement désagréable !
— Quand on est deux, on apprécie mieux ce qu'on mange ! Après déjeuner nous irons faire un tour de promenade et vous reprendrez à quatre heures le chemin de Paris, car à quatre heures je dois aller chercher à la gare quelqu'un qui m'arrive pour affaires...

Serge fit la moue.

— A peine suis-je arrivé, — dit-il, — et vous me congédiez déjà ! Ça me paraît sévère ! Ah ! oui, par exemple !

— Ne prenez pas la mouche ! — répliqua le vicomte, — Je croyais à une simple visite... — Venez-vous donc passer quelques jours avec moi ?

— Je comptais vous demander l'hospitalité pour cette nuit...

— Je vous la donnerai de bien grand cœur.

— C'est que, puisque vous attendez quelqu'un...

— Mon avocat à qui j'ai à donner des explications à propos d'un absurde procès de mitoyenneté que m'intente un voisin...

— Je serai gênant...

— Comment pourriez-vous l'être ?... — Vous en serez quitte pour aller fumer un cigare dans le parc tandis que nous causerons, mon avocat et moi, de choses ennuyeuses...

— Eh bien ! j'accepte... Mais, je dois vous le dire, l'hospitalité que j'attends de vous est un peu plus compliquée qu'elle n'en a l'air...

— Ça, c'est un rébus très corsé ! — fit M. de Tourbey en riant. — Expliquez-vous, mon très cher, si vous voulez que je vous comprenne.

— Voilà... — J'ai pour ce soir des intentions renversantes.

— Lesquelles ?

— Je me propose d'opérer un enlèvement...

— Vous !

Serge se rengorgea.

— Moi personnellement ! — répondit-il. — Je crois que ça aura du galbe !

— Et vous comptez sur moi pour vous aider ?

— Pour m'aider, non... mais pour mettre à ma disposition deux choses qui me sont nécessaires, une voiture et un gîte. — Ferez-vous cela ?

— Ça dépend...

— De quoi ?

— Des circonstances... — je ne veux pas me trouver compromis dans quelque fâcheuse histoire...

— Aucun danger ! — Comment seriez-vous compromis parce que j'enlève une aimable enfant ?...

— *L'aimable enfant* se laisse-t-elle enlever de son plein gré ?...

— Je vous prie de le croire...

— S'il en est ainsi vous pourrez disposer d'un coupé et de mon second cocher... — je le mettrai à vos ordres...

— Mille millions de merci, mon très bon ! — vous êtes ma providence !... — Mais ce n'est pas tout... il y a autre chose...

— Quoi ?

— Le petit pavillon du parc est-il occupé présentement ?

— Non.

— Pouvez-vous m'en confier la clef pour cette nuit ?

— Sans doute.

— Et aussi la clef de la porte donnant sur la route de Boissy-Saint-Léger ?

— Rien de plus facile...

— Alors la réussite est certaine et tout ira sur des roulettes !

En disant ce qui précède, Serge frottait ses deux longues mains l'une contre l'autre avec un ricanement joyeux qui l'enlaidissait encore, — en admettant toutefois que la chose fût possible.

— Et, — reprit M. de Tourbey, — si ma question n'est point indiscrète, qu'est-ce que c'est que l'aimable enfant enlevée par vous ce soir?...

— Un bijou, un trésor, un cœur, un véritable cœur, parole !

— Et elle vous aime ?

— A la folie...

— Elle doit être un peu folle, en effet!... — dit le vicomte en riant.

— Ah ! par exemple, ça, c'est méchant!... Mais j'ai bon caractère et, comme rémunération légitime de votre aimable hospitalité, je vous ferai voir la petite demain matin... vous serez ravi... ravi... hypnotisé, mon très cher !...

— Sa position sociale? — Élève du Conservatoire ou caménste d'une femme du monde ?

— Vous n'y êtes pas !!

— Quoi donc, alors ?

— Institutrice...

— Bravo !... Elle se chargera, dans ses moments perdus, de compléter votre éducation...

— Encore méchant !... toujours méchant, donc !... — Mais je prends ça comme il le faut prendre !... — Le pavillon est prêt, n'est-ce pas ?

— Toujours tout prêt, comme si on devait l'habiter le soir... — d'ailleurs nous irons le visiter après déjeuner...

— Comme ça, voyez-vous, je ne vous gênerai en rien... — Vous n'aurez pas à vous occuper un seul instant de moi... — Votre second cocher s'appelle André, je crois ?...

— Oui.

— Je m'entendrai avec lui...

On vint annoncer que le déjeuner était servi et les deux hommes passèrent à la salle à manger où le couvert du nouveau venu était mis en face de celui du maître de la maison.

Le repas fut copieux, délicat — le vicomte, nous le savons, était grand amateur de bonne chère, — et se prolongea longuement.

Serge buvait sec, et tout en vidant sans cesse son verre toujours rempli, s'emballait de plus en plus au sujet de sa conquête à laquelle, selon lui, rien au monde n'était comparable.

Le vicomte en l'écoutant riait sous cape et se disait in-petto :

— Il me semble que je la vois d'ici, son *hypnotisante* institutrice ! — quelque vieille sous-maîtresse prétentieuse et décatie, ou quelque jeune dinde fraîchement diplômée et qui, toute réflexion faite, se décide à changer de carrière et prend Serge pour s'introduire dans le monde où l'on s'amuse ! — Pauvre Serge !... quel admirable pigeon à plumer !...

XIV

Après le déjeuner les deux jeunes gens allumèrent des cigares et se dirigèrent vers les écuries et les remises.

— André, — dit le maître de la maison à son second cocher, — je vous mets à la disposition de M. le comte Kourawieff... — C'est de lui seul aujourd'hui que vous prendrez les ordres...

Le domestique s'inclina.

— Que devrai-je faire? — demanda-t-il ensuite à Serge.

— Ce sera fort simple, mon brave, — répliqua celui-ci. — Ce soir, à huit heures précises, vous vous trouverez avec le coupé sur la route de Boissy-Saint-Léger, et vous stationnerez à l'angle du petit bois longeant le chemin qui conduit à la ferme des Rosiers...

— La ferme des Rosiers !.. — répéta M. de Tourbey surpris. — Ah bah ! — Est-ce que par hasard la personne en question serait cette jeune villageoise... cette orpheline ?

— C'est elle, positivement...

— Elle s'est donc faite institutrice ?

— En attendant mieux, oui...

Puis, s'adressant à André, Serge ajouta :

— Vous avez compris ?

— Oui, monsieur le comte.

— Vous serez exact ?

— Je le suis toujours...

— Je serai là, faisant les cent pas... — Quelqu'un viendra me rejoindre... — Dès que je serai monté en voiture avec cette personne, vous nous amènerez à la porte du parc donnant sur la route de Boissy.

— Oui, monsieur le comte. — C'est tout ?

— C'est tout.

Le maître de la maison et son hôte quittèrent les écuries pour se rendre au pavillon isolé que Serge empruntait au vicomte dans un but odieux.

Ce pavillon servait à loger un couple d'invités quand il y avait beaucoup de monde au château.

Il était en excellent état, confortablement et même luxueusement meublé.

Rien ne manquait en fait de superfluités élégantes dans la chambre à coucher où plus d'une jolie femme avait passé la nuit et à propos de laquelle on aurait pu rappeler ces vers d'un vieil opéra-comique de Scribe :

> Que ces murs coquets,
> S'ils n'étaient discrets,
> Diraient de secrets!...

Le vicomte en remit les clefs à Serge, à qui il avait déjà donné celle de la petite porte du parc.

— Vous êtes le modèle des amis, mon excellent bon ! — s'écria le ridicule amoureux de Rose, — Vous me rendez un service obéliscal.

— Bonne chance, heureux vainqueur !

Les deux jeunes gens échangèrent une poignée de main, et Serge de son pied léger prit le chemin du village de Sucy.

Là il se rendit au bureau de la poste et du télégraphe et dit à la receveuse :

— Pouvez-vous m'apprendre, madame, combien il faut de temps à une dépêche expédiée d'ici pour être remise à destination à Paris ?

— De une heure et quart à une heure et demie, monsieur...

— Merci, madame.

Serge regarda sa montre et combina son plan.

— Il est quatre heures... — pensa-t-il, — télégraphier *illico* serait un impair... — Ma dépêche arriverait trop vite... — En l'expédiant à cinq heures précises elle sera distribuée rue Linné entre six heures et quart et six heures et demie. — C'est justement ce qu'il faut... — La petite ne pourra prendre que le train de sept heures à Paris... — Elle sera à la gare de Sucy à sept heures cinquante, et à huit heures cinq au coin du bois...

L'imbécile se frotta les mains à s'emporter l'épiderme, en ajoutant avec un sentiment inouï de jubilation :

— Parfait ! parfait ! parfait ! stupéfiant ! obéliscal ! catapultueux !... — quelle surprise pour la petite en m'y trouvant, au coin du bois !... et quelle joie ! — tout ça, c'est arrangé de main de maître, parole d'honneur ! je suis très malin, positivement !... Très malin !... très malin !...

Il fallait tuer le temps.

Serge descendit la rampe assez raide conduisant à la gare, entra dans un café-restaurant, se fit servir coup sur coup deux absinthes, feuilleta les journaux illustrés, et à cinq heures moins quelques minutes sortit après avoir dit au garçon à moustaches qui le servait :

— Je vais au bureau de poste... Je reviendrai dîner... — Faites dresser mon couvert et apprêtez-vous à me donner tout ce que vous aurez de mieux...

— Monsieur sera content... Sauf du poisson, de la volaille et du gibier, nous avons de tout...

Arrivé à la poste, le fils de la comtesse écrivit une dépêche dont la rédaction, peu compliquée d'ailleurs, était depuis longtemps arrêtée dans son esprit.

Paris. — Rue Linné. — Hôtel Lorbac.

Rose Madoux.

Très malade. — Voudrais vous voir. — Venez.

VÉRONIQUE.

Ce télégramme payé et expédié, Serge revint très enchanté de lui-même, au café-restaurant où son couvert était mis et où son dîner l'attendait.

Le misérable idiot se répétait à chaque pas : — *Je suis très malin !* et se félicitait d'avoir employé un moyen absolument sûr pour attirer l'orpheline dans le piège abominable qu'il lui tendait.

Il savait bien que Rose éprouvait pour sa vieille servante Véronique une affection quasi filiale, et qu'aussitôt après avoir reçu cette dépêche elle ne perdrait pas une minute, et se hâterait d'accourir à la ferme des Rosiers.

Certes on pouvait reprocher à ce plan d'être honteux, mais non d'être mal combiné.

* * *

La demie après six heures du soir venait de sonner.

Thérèse de Lorbac, sa fille et Rose étaient au salon, attendant le retour du docteur pour se mettre à table.

René avait prévenu qu'appelé pour affaire chez

un nouveau client dans une habitation des environs de Paris, il ne dînerait point à l'hôtel.

Le valet de chambre entra, portant un *petit bleu* sur un plateau de laque.

Madame de Lorbac étendit la main vers le plateau.

— La dépêche est adressée à mademoiselle Rose, — dit le domestique.

— A moi ?... — s'écria la jeune fille étonnée.

— Oui, mademoiselle.

Elle prit le télégramme avec une vague émotion et l'ouvrit d'une main un peu tremblante.

A peine avait-elle jeté les yeux sur son contenu qu'elle devint pâle comme une morte.

Cette pâleur ne pouvait échapper à madame de Lorbac.

— Qu'y a-t-il donc, mon enfant ? — s'écria-t-elle. — Est-ce une mauvaise nouvelle que vous apprenez ?

— D'où vient cette dépêche ? — demanda Renée à son tour.

— De la ferme des Rosiers... — répondit Rose d'une voix brisée.

— De Véronique ?

— Oui.

— Que lui arrive-t-il ?

— Elle est malade... très malade... mourante sans doute... Elle veut me voir... Elle m'appelle...

Personne ne pouvait soupçonner l'odieuse vérité. — L'idée d'un piège lâchement tendu ne pouvait naître dans aucun esprit.

— Il faut partir à l'instant même, ma chère Rose — dit Thérèse, — on va courir chercher une voiture... vous pourrez prendre le train de sept heures à la Bastille.

— Si j'allais avec Rose, maman? — fit Renée.

— Non, non, madame, — répliqua vivement la fille adoptive de Jeanne Madoux — j'irai seule... je préfère cela... — La pauvre Véronique n'a peut-être qu'une indisposition... je reviendrai demain sans doute... je m'apprête et je pars...

Le valet de chambre avait reçu l'ordre d'amener un fiacre.

Quand il revint avec cette voiture, Rose attachait les brides de son chapeau.

Elle embrassa Renée et madame de Lorbac, se hâta de descendre et arriva au chemin de fer de Vincennes juste à temps pour prendre son billet.

Le vicomte de Tourbey, nous le savons, devait aller chercher à la gare un avocat mandé de Paris et auquel il voulait confier ses intérêts dans un important procès en mitoyenneté que lui faisait un voisin difficile à vivre.

L'habitude des avocats n'est point de se rendre chez leurs clients, mais toute règle a ses exceptions, et dans l'affaire du vicomte le plus habile avocat n'aurait pu plaider utilement s'il ne s'était rendu compte, *de visu*, des causes du procès entamé.

A quatre heures M. de Tourbey se trouvait au chemin de fer, pour l'arrivée du train de Paris.

Il ne connaissait point personnellement l'avocat qu'un de ses amis lui avait recommandé comme étant jeune, plein d'ardeur et de talent, très écouté et très considéré au Palais, mais, — étant donné le très petit nombre de voyageurs qui descendaient pendant la semaine à la gare de Sucy, — il était bien certain de reconnaître sans l'avoir jamais vu, ou plutôt de deviner la personne qu'il attendait.

Au moment où le train stoppait en gare, M. de Tourbey qui se trouvait sur le quai vit sortir d'une voiture de première classe un jeune homme d'une parfaite distinction et d'une tenue à la fois élégante et sévère.

Ce jeune homme tenait sous son bras gauche une serviette de chagrin noir.

Ce devait être lui.

Le vicomte s'approchant le salua et dit :

— Monsieur René de Lorbac, je pense ?...

— Oui, monsieur... — répliqua le nouveau venu, puis il ajouta : — C'est à monsieur le vicomte de Tourbey que j'ai le plaisir de parler ?...

— A lui-même, qui vous remercie cordialement d'avoir bien voulu vous rendre à son invitation...

— Je serai très heureux, monsieur, si comme je l'espère je puis vous être utile...

— Notre ami commun, Georges de Rayneval, m'a dit que je pouvais compter absolument sur vous et que mes intérêts ne pourraient être mieux placés que dans vos mains.

— Rayneval est trop indulgent, mais je ferai ce qui dépendra de moi pour être digne de ses éloges...

— Il s'agit d'une affaire de mitoyenneté fort ennuyeuse pour moi et à laquelle j'attache une grande importance, non pas au point de vue de l'argent — (l'argent ne serait rien) — mais à celui de l'amour-propre... — Si je vous ai prié de vouloir bien venir de bonne heure, c'est afin de pouvoir vous faire visiter avant la nuit les constructions qui sont la cause, ou plutôt le prétexte du procès en question...

Les deux jeunes gens étaient sortis de la gare.

M. de Tourbey fit monter René dans le phaéton qu'il conduisait lui-même et le mena jusqu'à une ferme qu'il possédait à deux kilomètres du château, et où des bâtiments de construction récente motivaient le litige.

Nous nous garderons bien de les suivre.

Il nous suffira de dire que les constatations faites par René de Lorbac prirent beaucoup de temps.

On ne rentra guère au château qu'à six heures et demie pour se mettre à table.

— Aussitôt après dîner, — dit le vicomte à son hôte, — je vous remettrai les pièces importantes que nous examinerons ensemble, puis je vous reconduirai moi-même à la gare.

M. de Tourbey, nous l'avons dit et redit, aimait en connaisseur la grande cuisine et il se plaisait à verser à ses convives les vins des meilleurs crus, en même temps qu'il leur faisait servir les mets les plus délicats.

Son cuisinier, sa cave et la largeur de son hospitalité étaient célèbres.

Il tirait quelque vanité de sa réputation de *belle fourchette* et de franc buveur, et il tenait à la justifier en mangeant beaucoup et en buvant sec, ce que lui permettaient d'ailleurs son excellent estomac et sa tête solide.

Si amples que fussent ses libations il ne se grisait jamais dans le sens brutal du mot, mais il devenait assez vite d'une gaieté communicative et singulièrement loquace.

René de Lorbac était très sobre, par nature et par habitude, cependant il lui fallait bien, ce soir-là, tenir tête à son hôte et vider rubis sur l'ongle son verre que remplissaient tour à tour le Château-Yquem-Lur-Saluces 1870, le Pontet-Canet Clossmann 1874, le merveilleux Latache-Romanée Jules Régnier, ce rival du Royal-Vougeot, et le Moselle mousseux frappé.

Malgré cette dérogation à ses habitudes, il n'éprouvait aucun symptôme d'ébriosité naissante. — Son cerveau restait aussi calme, aussi pondéré qu'à l'ordinaire.

Il n'en était pas de même du vicomte chez qui commençait à se manifester un petit plumet coquet et qui parlait avec une verve endiablée, amusante du reste, d'une foule de choses n'ayant nullement trait au procès en expectative, et généralement gaillardes.

On avait mis le dessert au pillage et pris le café accompagné d'une étonnante profusion d'alcools, depuis les vieux cognacs authentiques, jusqu'aux chartreuses de toutes les nuances, en passant par les liqueurs des îles, si fines mais un peu démodées.

— Mon cher hôte, — dit René de Lorbac, — je viens de faire avec vous un dîner qui prendra place en mes souvenirs; mais ne pensez-vous pas qu'il serait temps de procéder ensemble à l'examen des pièces que vous devez me remettre?

— Dans un instant, mon cher avocat. — Encore ce verre de ce cognac de 1815, allumez un nouveau cigare, et je serai tout à vous.

XV

René de Lorbac, à qui d'ailleurs il était indifférent de rentrer à Paris un peu plus tôt ou un peu plus tard, ne fit aucune objection.

Il laissa remplir son verre de la précieuse liqueur dont chaque goutte valait un peu plus que son pesant d'or, il choisit dans l'une des boîtes placées sur la table un cigare à robe blonde et à bague multicolore, et il l'alluma.

Pendant deux ou trois secondes aucune parole ne fut échangée.

Tout à coup M. de Tourbey se renversa sur le dossier de sa chaise, pris d'un accès de soudaine hilarité que rien ne pouvait faire prévoir et que rien n'expliquait.

Le jeune avocat regarda son hôte avec stupeur, se demandant si cette crise de rire inextinguible n'était pas le résultat d'une névrose surexcitée par l'abus des vins capiteux.

Le vicomte se rendait compte à merveille de l'excentricité, pour ne pas dire de l'inconvenance de sa conduite, mais il n'y pouvait rien. — Plus il se raidissait, plus son intempestive gaieté se donnait un libre essor.

Enfin il parvint à comprimer les fusées de ce rire qui malgré lui s'échappaient de son gosier.

— Je dois vous paraître absolument toqué, — balbutia-t-il d'une voix à peine distincte, — il faut me pardonner, c'est plus fort que moi... — je ris de souvenir...

Et M. de Tourbey fut repris d'un nouvel accès de fou rire.

— Le souvenir doit être fort gai, — dit René ne pouvant s'empêcher de rire lui-même tant l'hilarité est contagieuse.

— Oh! tout ce qu'il y a au monde de plus gai... — répliqua le vicomte au bout d'un instant. — L'imbécile à qui je pense est si délicieusement cocasse, si superlativement prétentieux... il était d'un comique à tel point réussi tandis qu'il me narrait ses prouesses galantes, que tout à l'heure, en me souvenant à l'improviste, j'ai éclaté... — Ah! cher monsieur de Lorbac, vous me comprendriez si vous connaissiez le personnage ; mais vous n'avez jamais rencontré polichinelle si drôle!

— J'en ai vu cependant de bien drôles, des polichinelles! — répliqua René.

— Oh! celui-là est unique au monde...

— J'ignore de qui vous parlez, mais, quel qu'il soit, j'en sais un qui pourrait soutenir la lutte.

— Il arriverait bon dernier!... — Serge Kourawieff ne craint personne et ne peut redouter aucune concurrence!

— Serge Kourawieff! — répéta le jeune avocat en fronçant le sourcil. — C'est de lui justement que je voulais parler...

— Bah!... Vous le connaissez!...

— Beaucoup... — Beaucoup trop, même!

— Bravo!... Nous sommes d'accord!... Vous voyez bien qu'il n'y a que lui!... Figurez-vous que cet excellent type de fatuité grotesque est venu déjeuner avec moi ce matin, dans un but intéressé... — Il avait à me demander de mettre à sa disposition un coupé tout attelé et le petit pavillon du parc... — Ah! ah! ah!... C'est trop drôle!...

Et M. de Tourbey s'esclaffa de nouveau.

— Un coupé?... Le pavillon du parc? Pourquoi faire? — demanda René.

— C'est ici que la chose devient prodigieuse de cocasserie!... — Vous ne devinez pas?

— Ma foi, non!...

— Affaire de femme, mon cher avocat!... affaire de femme!...

— Ah! il s'agit d'une femme...

— Oui, pardieu! il s'agit d'une femme!... — Un enlèvement, tout simplement!... Ah! Serge Kourawieff est un gaillard qui ne se refuse rien!... Il enlève!...

— Il enlève!... — s'écria René.

— Il le croit du moins...

— C'est bien vieux jeu!... On n'enlève plus guère à Paris...

— Aussi n'est-il point question de Paris, mais de Sucy.

— Et que diable peut-il enlever à Sucy?

— Une pseudo-villageoise, se disant institutrice...

Le mot *institutrice* fit dresser l'oreille à René en lui mettant au cœur une vague inquiétude.

— Une institutrice? — répéta-t-il.

— Oui... une jeune fille du pays.

René sentit les gouttes d'une sueur froide mouiller ses tempes.

— Serge Kourawieff vous a-t-il dit comment s'appelle cette jeune fille? — demanda-t-il d'une voix altérée.

— Ma foi non...

— A-t-elle une famille?...

— Je ne crois pas... — Tout ce que je sais sur son compte c'est qu'elle est née et qu'elle a été élevée tout près de Sucy, à la ferme des Rosiers... Est-ce que par hasard, vous la connaissez, cette petite?...

René bondit sur ses pieds, bouleversé jusqu'aux moelles par la plus poignante émotion.

— Oui, monsieur, je la connais ! — cria-t-il — cette jeune fille, l'institutrice de ma sœur, est la plus pure, la plus chaste des femmes, et si j'en crois vos paroles c'est un guet-apens que prépare ce misérable Serge ! c'est un crime abominable qu'il veut commettre !

M. de Tourbey ne riait plus.

A son tour il se leva, soudainement dégrisé.

— Un crime !... — bégaya-t-il avec effroi.

— Oui, et vous en seriez le complice si vous n'en empêchiez pas l'accomplissement ! — Rose est une créature angélique, immaculée, impeccable, digne du respect de tous, et à laquelle je n'hésiterai pas à donner mon nom, car je l'aime !...

— Que m'apprenez-vous ! — fit le vicomte stupéfait. — Vous l'aimez ?

— Je l'adore !

— Et Serge Kourawieff connait cet amour ?

— Non, car tout le monde l'ignore, mais cela ne rend pas moins odieuse l'action qu'il médite !

— Il savait... il sait que cette jeune fille est l'institutrice de votre sœur ?

— Il le sait.

— Alors, c'est le dernier des drôles !

— Ah ! certes !

— Heureusement nous sommes là pour écraser dans l'œuf son projet !

M. de Tourbey frappa sur un timbre.

— Mon chapeau, ma canne! — commanda-t-il au domestique qui se présenta, puis, tirant sa montre, il ajouta : — Huit heures cinq minutes... nous avons le temps...

Le valet rentrait, apportant le chapeau et la canne.

Le vicomte les lui arracha des mains et dit à René, en lui saisissant le bras et en l'entraînant :

— Venez! venez! hâtons-nous!

Pâle comme un mort et le cœur dévoré d'angoisse, le jeune homme n'avait pas besoin d'être excité.

En sortant du château il voulut se diriger vers la grille de la cour d'honneur.

— Non, pas par là... — De ce côté! — reprit le vicomte en désignant le parc, — Nous arriverons plus vite à l'endroit où ce mauvais drôle a tendu son piège!

Et les deux jeunes gens s'élancèrent sous les grands arbres dans une allée conduisant au pavillon.

.˙.

Après avoir expédié sa dépêche Serge Kourawieff était retourné au café-restaurant où il devait dîner et où, d'après le dire orgueilleux du garçon, rien ne manquait sauf le poisson, la volaille et le gibier.

Le misérable idiot n'avait aucun remords anticipé de l'odieuse et lâche action qu'il se proposait de commettre.

Il mangea d'un vigoureux appétit et but outre mesure pour se donner de l'énergie, *pour se mettre — comme on dit vulgairement — du cœur au ventre!*

Le restaurant était situé non loin de la gare.

De la fenêtre auprès de laquelle Serge dînait et qui prenait jour sur la rue on apercevait les bâtiments du chemin de fer, et les regards du jeune homme prenaient sans cesse cette direction, quoique l'arrivée de Rose à une heure si peu avancée fût matériellement impossible.

Son repas fini, Serge paya l'addition, alluma un cigare et sortit.

Il avait l'absolue conviction que sa dépêche produirait l'effet attendu, aussi, la nuit commençant à tomber, ce fut d'un pas dégagé, en fredonnant d'une voix abominablement fausse un air d'opérette, qu'il se dirigea vers l'endroit où le second cocher du vicomte de Tourbey devait se trouver avec une voiture à huit heures précises.

Quand il atteignit l'angle du petit bois, le coupé y stationnait déjà depuis quelques minutes.

— Exactitude monumentale!! — dit Serge. — Mes compliments!...

— Monsieur le comte a-t-il à me donner de nouveaux ordres? — demanda André.

— Ma foi, non ! — Une seule recommandation à vous adresser?

— Laquelle, monsieur le comte?

— Filer à grande vitesse vers la petite porte du parc dès que j'aurai fait monter dans la voiture la personne... la jeune personne... qui, sans l'ombre d'un doute, n'aura pas même une velléité de résistance...

— Si elle résistait, cependant?

— Ce serait pour la forme...

— Enfin, dans ce cas?...

— Vous me donneriez un petit coup de main, voilà tout...

— Un coup de main... diable!... C'est grave...

— Et vous n'auriez pas lieu de vous en repentir... — acheva Serge.

— Monsieur le comte peut compter sur moi.

— Très bien... — Placez-vous dans l'ombre épaisse de ce bouquet de chênes où passe le chemin conduisant à la ferme des Rosiers, et attendons...

— Dois-je laisser mes lanternes allumées?

— Jamais de la vie ! Éteignez-les bien vite ! — Il ne faut pas de lumière !

Le cocher obéit, et après avoir placé la voiture à l'endroit désigné descendit de son siège et se tint immobile à la tête du cheval.

Serge, lui, s'était avancé jusqu'à la bifurcation des deux routes.

Il écoutait l'oreille tendue dans la direction de

Sucy dont on apercevait au lointain quelques fenêtres éclairées, tranchant sur l'obscurité maintenant profonde, car le ciel était sans étoiles.

Soudain il tressaillit.

Le bruit d'un pas rapide et léger venait de frapper son oreille.

Il écouta avec un redoublement d'attention et il eut la perception très nette d'un soupir douloureux.

Quelqu'un approchait, et ce quelqu'un ne pouvait être que Rose.

Le jeune homme s'était rangé le long du taillis, le corps penché en avant, le cœur battant d'une joie mauvaise.

Les pas devenaient de plus en plus distincts, et il commençait à entrevoir dans l'ombre une silhouette féminine.

— C'est elle... — murmura-t-il.

C'était, en effet, la fille adoptive de Jeanne Madoux, qui de sa marche la plus hâtive se dirigeait vers la ferme des Rosiers, croyant y trouver la pauvre Véronique bien malade, mourante peut-être.

Bientôt elle ne fut plus séparée que par une distance de quelques pas de Serge Kourawieff.

Celui-ci s'avança brusquement, surgissant dans les ténèbres comme une apparition fantastique.

— Cher ange, — s'écria-t-il, — enfin, c'est vous !

Rose, stupéfaite, s'était arrêtée.

Elle reconnut, à la voix, son persécuteur, et poussa un cri d'épouvante.

Serge fit deux pas en avant et saisit par le bras la jeune fille, qui tenta vainement de se dégager car la frayeur la paralysait.

— Monsieur... — balbutia-t-elle, — monsieur, je vous en prie... je vous en supplie... laissez-moi passer... lâchez-moi...

— Vous lâcher! pas si sot!... — répliqua Serge. — Je vous idolâtre tellement que j'en deviens bête, vous le savez bien!... — C'est ce qui peut s'appeler un béguin dans les grands prix! — De votre côté vous me gobez, j'en nourris le fol espoir, et j'ai su lire dans vos yeux comme vous savez lire dans les miens!... — Bref! nous éprouvons l'un pour l'autre quelque chose de mutuel, et je crois le moment venu de vous en faire librement l'aveu... — Je vous rendrai heureuse... mon ange, suivez-moi!...

— Monsieur, — reprit la jeune fille, — au nom du ciel, encore une fois, laissez-moi passer... — C'est une mauvaise action que vous commettez en me retenant, ne fût-ce que quelques minutes... une malade... une mourante m'attend près d'ici...

— Turlututu! — interrompit Serge, — Nous causerons de ça plus tard, mon ange! — Pour le quart d'heure il s'agit de venir, venez donc de bonne grâce, puisque vous en grillez d'envie...

Et Serge, voulant en finir, prit la jeune fille dans ses bras pour l'entraîner vers le coupé.

Elle comprit alors toute l'étendue de l'effroyable péril qui la menaçait, et d'une voix défaillante, à plusieurs reprises, elle cria :

— Au secours !... au secours ! à mon aide !

Ces cris empêchèrent Serge d'entendre le bruit d'une course effrénée et de souffles haletants.

A la minute précise où il allait atteindre la portière ouverte de la voiture, il sentit un frisson de terreur effleurer sa chair.

Une main vigoureuse venait de s'abattre rudement sur son épaule et l'immobilisait.

En même temps deux hommes surgissaient à sa droite et à sa gauche.

— Monsieur Kourawieff, — lui dit un de ces hommes d'une voix basse et sifflante, — vous êtes le dernier des lâches ! — Vous deviez bien vous en douter un peu ! Dans tous les cas, je vous l'apprends !

Rose poussa un nouveau cri, mais cette fois un cri de joie.

Elle reconnaissait René de Lorbac qui venait d'arriver bien juste à point, en compagnie du vicomte de Tourbey, et qui saisissant Serge au collet le secouait avec violence.

— Ah ! mais, non, mon excellent bon ! — bégayait le fils de la comtesse. — Faites donc attention... Vous allez m'étrangler, que diable !... Vous allez m'étrangler !...

— Vous le mériteriez ! — répliqua M. de Tourbey.

— Ainsi donc, — reprit René, — vous tendiez à mademoiselle un piège odieux !

— Un piège ? — répéta la jeune fille stupéfaite.

— Oui... — Ce misérable vous attendait sur cette route où il vous avait attirée par je ne sais quelle manœuvre infâme !...

— Vous vous trompez... — interrompit Rose.

— Non ! non ! je ne me trompe pas !

— J'ai reçu une dépêche ce soir.

— De qui ?...

— De ma pauvre Véronique qui est malade, très malade... et qui m'appelle... qui veut me voir...

— Eh bien ! cette dépêche était un faux !... — s'écria M. de Tourbey. — C'était une ruse de ce méchant drôle pour vous forcer à passer dans le chemin où il vous guettait !

— Une blague.. une simple blague... mes excellents bons... — balbutia Serge que René secouait toujours.

— Dites une lâcheté ! une infamie ! un guet-apens ! !

— Un guet-apens... — répéta Kourawieff — Ah ! mais, non ! ah ! mais non ! — il ne faut pas non plus faire du *mélo* et tout pousser au noir ! — Ah ça ! voyons, sapristi, nous ne sommes pas des moines et il y a des choses qu'on devrait comprendre ! — Le vicomte qui me fait de la morale à cette heure, je ne sais pas pourquoi, était bien au courant puisqu'il me prêtait sa voiture et son pavillon... — Il aurait vraiment dû ne vous parler de rien ! — Qu'est-ce qu'on me reproche, après tout ?... une simple ruse d'amour... — Mam'zelle Rose est pyramidalement jolie... Depuis longtemps elle me fascine et j'ajouterai qu'elle le sait bien...

— Taisez-vous ! — je vous ordonne de vous taire !... — cria René, mordu au cœur par la jalousie.

XV

— Je vous trouve raide avec moi, savez-vous, mon très cher ! — reprit Serge, — heureusement j'ai bon caractère... — Je viens de faire un four monstre, il faut bien que j'en convienne, et je serais tout à fait vexé si cette anecdote arrivait à la connaissance de vos parents... vous comprenez ça, hein ? et vous serez gentil ?... vous ne direz rien ?

— Avez-vous l'intention d'épouser mademoiselle ? — demanda René de Lorbac, les dents serrées.

— Épouser une institutrice ! moi ! le comte Kourawieff ! — cria Serge avec un éclat de rire discordant. — Voyons, voyons, pas de bêtises ! — Nous étions en rivalité, mon excellent bon, et je ne m'en doutais point, parole d'honneur ! — Présentement je m'aperçois que vous êtes sérieusement pincé, et j'agis en galant homme, je me retire. — Remerciez-moi !

Pris d'un accès de colère terrible René, qui depuis un instant avait lâché Serge, leva la main sur lui.

— Misérable ! — dit-il.

— Touchez pas !... — glapit le triste personnage en faisant un saut en arrière — touchez pas !...

Rose, à peu près remise de la violente émotion qu'elle venait d'éprouver, se jeta entre les jeunes gens.

— René... monsieur René... — balbutia-t-elle en saisissant sa main prête à retomber sur le visage blafard de Serge, — calmez-vous, je vous en conjure...

— Laissez-moi châtier ce drôle qui s'est permis de vous insulter !

Kourawieff, rassuré par l'intervention inattendue de la jeune fille et hors de portée du vigoureux soufflet qu'un instant il avait cru sentir s'abattre sur sa joue, reprit un peu de son aplomb habituel.

— Comme ça, décidément, ce n'est pas une plaisanterie ! — fit-il d'un ton gouailleur... — Le vaudeville tourne au *mélo !* — C'est très bien ! c'est parfait ! les choses suivront leur cours naturel, — je suis très chatouilleux, moi, sur le point d'honneur ! Demain vous recevrez mes témoins.

— C'est moi qui vous préviendrai, monsieur, et

qui vous enverrai les miens... — En offensant mademoiselle, vous m'avez offensé moi-même. — La maison de mon père devait être sacrée pour vous, et c'est dans cette maison qu'a commencé l'injure ! — Je suis donc insulté deux fois ! — Maintenant, débarrassez-nous de votre présence !

Serge ne se le laissa pas répéter.

— Je vous gêne pour filer le parfait amour ! — dit-il en ricanant.

Puis, sans attendre une réponse qui pouvait prendre la forme d'une correction, il s'élança sur la route de Sucy et disparut dans les ténèbres.

— Mademoiselle Rose, — fit René en tendant la main à l'institutrice de sa sœur, — remerciez M. le vicomte de Tourbey qui, en m'avertissant des projets de ce drôle, m'a permis de venir à votre secours.

Très émue par la scène de provocation à laquelle elle venait d'assister, Rose était défaillante.

Cependant, soutenue par René, elle fit un pas vers le vicomte.

— Je vous remercie, monsieur, — balbutia-t-elle, — je vous remercie de tout mon cœur.

— Je suis trop heureux de mon intervention dans tout ceci, mademoiselle, répondit le jeune homme. — Je rougis d'avoir reçu chez moi et traité en ami ce comte Kourawieff qui n'est qu'un hideux drôle et je prie M. de Lorbac de me faire l'honneur de m'accepter pour témoin...

— Certes, j'accepte ! — s'écria René, — j'accepte avec reconnaissance, et tout l'honneur sera pour moi...

— Non... non... — dit vivement la jeune fille, — vous ne vous battrez pas avec ce misérable !...

— Ne vous inquiétez point, chère Rose... — Ma cause est trop juste pour que Dieu ne soit pas avec moi !... — Puis, s'adressant au vicomte de Tourbey, René ajouta : — Alors, monsieur, puisque vous voulez bien vous mettre à ma disposition je vous attendrai demain à l'hôtel de mon père, rue Linné, et je vous demanderai de ne rien dire qui puisse faire deviner la nature de l'affaire qui vous amène.

— Soyez tranquille... je serai discret... — Le prétexte de ma visite est d'ailleurs tout trouvé... Je vous porterai des pièces relatives au procès que vous allez plaider pour moi... — Maintenant vous devez avoir hâte de regagner Paris, je le comprends... — Veuillez prendre, pour conduire mademoiselle à la gare, la voiture que j'avais la sottise de prêter à ce drôle !

— Bien volontiers...

— N'irai-je donc pas voir Véronique à la ferme des Rosiers ? — demanda la jeune fille.

— Assurément non... — répliqua René.

— Pourquoi, puisque je suis si près ?...

— Parce que vous seriez obligée d'expliquer à votre vieille servante le motif de votre présence à Sucy et de votre visite à cette heure, et il ne faut point que cela soit... — Vous êtes certaine que Véronique n'est pas malade puisque la dépêche qui semblait venir d'elle était mensongère... vous allez rentrer à Paris avec moi...

Et d'un ton plus bas, René poursuivit :

— J'ai tant de choses à vous apprendre...

Le vicomte de Tourbey appela son cocher, qui remonté sur son siège attendait silencieux, et lui donna l'ordre d'avancer le coupé.

M. de Lorbac y fit monter Rose, et au moment d'y monter lui-même il dit au vicomte en lui serrant la main affectueusement :

— Croyez bien que vous venez de vous faire de moi un ami pour toujours... et ce ne sont point là de vaines paroles... J'ai la mémoire excellente et le cœur reconnaissant... — A demain.

— A demain...

René monta près de la jeune fille et la voiture partit pour la gare de Sucy, tandis que M. de Tourbey reprenait seul le chemin du château.

Durant le trajet qui ne dura que quelques minutes René et la jeune fille n'échangèrent pas un seul mot.

Tous deux étaient sous l'influence d'une pensée dominante, — la même sans doute pour l'un et pour l'autre.

Aussitôt après avoir mis pied à terre René tendit la main à Rose qui descendit en s'appuyant sur lui, et il la conduisit dans la salle d'attente des premières.

Avant d'aller chercher les tickets il jeta les yeux autour de lui pour voir si Serge Kourawieff ne se trouvait pas là. — Il ne l'aperçut nulle part.

Fort irrité du piteux dénouement de son aventure et du rôle ridicule qu'il venait de jouer Serge, marchant droit devant lui comme un fou, s'était dirigé vers Chennevières au lieu de prendre le chemin de la gare.

Au bout de huit ou dix minutes arriva le train qui devait ramener les jeunes gens à Paris.

René installa Rose dans un compartiment où il se plaça à côté d'elle. — Ils s'y trouvaient seuls.

Le train partit.

Brisée par les émotions violentes qu'elle venait de subir, Rose s'adossait comme un corps inerte à la paroi capitonnée du wagon, et demeurait immobile et muette, la tête penchée sur sa poitrine et cachée entre ses deux mains.

René la regardait avec une adoration silencieuse.

Tout à coup il vit se soulever les épaules et la poitrine de la jeune fille dont les sanglots longtemps contenus éclatèrent.

Obéissant à une impulsion irrésistible il se laissa tomber à genoux devant elle, et saisissant ses mains qu'il écarta il découvrit ainsi son doux visage inondé de larmes.

La jeune fille leva les yeux, noyant dans les siens ses regards humides.

— Je vous aime, Rose... — dit alors le jeune homme d'une voix basse et tendre.

En entendant cette voix qui remuait toutes les fibres de son cœur, Rose tremblait.

— Je le sais... — balbutia-t-elle avec une candeur adorable et touchante.

— Pourquoi pleurer, alors? — demanda René en serrant dans les siennes les deux petites mains tièdes et souples qui s'abandonnaient.

Rose ne répondit pas.

René poursuivit :

— L'insulte qui vous a été faite par ce drôle est-elle la cause de vos larmes?

— Eh! que m'importe l'insulte de cet homme! — répliqua vivement la jeune fille. — Elle ne peut m'atteindre! Je la dédaigne!... je la méprise! — il ne s'agit pas de moi... il s'agit de vous... de vous seul...

— De moi! — répéta René surpris.

— Oui, de vous, qui voulez vous battre... Vous battre à cause de moi! Cela, il ne faut pas que cela soit! je ne le veux pas! — Renoncez à ce duel, je vous en supplie, je vous en conjure! — Jouer votre vie, pour moi, dans une rencontre avec un tel homme! — Est-ce que c'est possible? Non! non!

— Ne pensez plus à ce ridicule et odieux personnage! — un pareil fantoche est indigne de vous occuper, ne fût-ce qu'une minute!

— Vous ne vous battrez pas!...

— Craignez-vous le scandale? — Il ne peut y en avoir... — Votre nom ne sera point prononcé... — Vous avez entendu ma recommandation au vicomte de Tourbey qui viendra demain à l'hôtel...

— Ah! de cela non plus je ne m'inquiète guère!! — répondit Rose avec violence, — Ce qui m'importe c'est que vous ne vous battiez point!! — Il peut vous tuer, ce misérable!! et je ne veux pas qu'il vous tue!

— Ah! vous m'aimez aussi, vous, Rose! — s'écria René, le visage rayonnant de joie et pressant sur ses lèvres avec transport les mains de la jeune fille.

Celle-ci les retira doucement, et l'expression de son angélique figure devint digne et presque sévère.

— Monsieur René, — bégaya-t-elle d'une voix à peine distincte, — écoutez-moi, je vous en conjure, et croyez-moi... — Que je vous aime ou non, vous ne devez pas m'aimer, vous...

René fit un mouvement brusque.

Il allait interrompre.

La jeune fille ne lui en laissa pas le temps.

— Laissez-moi achever... — poursuivit-elle, en lui posant la main sur la bouche pour l'arrêter, — je ne puis être votre femme...

— Rose...

— Encore moins votre maîtresse... Il vous suffira de réfléchir un instant pour le comprendre... — C'est afin de vous dire cela que j'ai consenti à ne point aller ce soir à la ferme des Rosiers... — Je voulais saisir l'occasion de m'expliquer avec vous... — Il ne faut pas d'ambiguïté entre nous, René... — Je pourrais tout accepter de la vie, je subirais tout courageusement, sans me plaindre, sauf une situation louche ou douteuse... — Si vous ne vous sentez pas la force de renoncer à votre amour, je me sacrifierai... j'abandonnerai la maison de votre père... je fuierai bien loin, je fuierai si loin et je me cacherai si bien que vous ne me reverrez jamais! — J'en mourrai peut-être, mais j'aurai fait mon devoir...

— Est-ce bien possible, Rose ? — balbutia René de Lorbac avec un accent de douleur profonde. — Quoi! vous toujours si bonne et si douce, vous dont l'intelligence égale la beauté, vous auriez la cruauté de me fuir, sachant ce que votre perte me ferait souffrir?

— J'aurai cette cruauté... puisque c'est ainsi que vous appelez ma conduite, qui me vaudra du moins votre estime...

— Vous partiriez?

— Il le faut!

— Mais pourquoi le faut-il?

— Parce que tout nous sépare?

— Tout nous réunit, au contraire...

— Je vous répète que tout nous sépare... les lois, ou si vous le voulez les préjugés du monde. La différence de situation... Ma reconnaissance profonde envers les vôtres... Enfin le soin de ma dignité, car si je n'avais la certitude que vous chasserez de votre cœur un sentiment dangereux pour vous comme pour moi, je ne pourrais plus vivre auprès de vous, aimante, mais tranquille et calme, comme une sœur auprès de son frère...

En ce moment, pour la seconde fois, la pauvre enfant éclata en sanglots.

— Mon Dieu! — bégaya-t-elle avec désespoir, — mon Dieu! que je suis malheureuse!

Le spectacle de cette douleur aussi poignante qu'imméritée émut René profondément.

Il sentit de grosses larmes couler sur ses joues en feu.

— Vous ne pouvez, dites-vous, être ma femme... — fit-il d'une voix étranglée.

— Non, je ne le puis... et vous le savez aussi bien que moi.

— Je ne sais, moi, qu'une chose, c'est que je vous aime à en devenir fou!! à en mourir!! — Pourquoi ne vous donnerais-je pas mon nom?...

— A cela j'ai déjà répondu... — Faut-il donc vous le répéter? — Je suis sans naissance, sans fortune, institutrice de votre sœur, par conséquent salariée, quoiqu'on veuille bien me traiter en enfant de la maison à l'hôtel de la rue Linné... — Est-ce qu'une pauvre fille dans cette situation si humble peut devenir votre femme?

— Vous êtes tout ce qu'on peut rencontrer de

meilleur et de plus charmant, — s'écria René. — Ce que le plus ambitieux rêve pour la compagne de sa vie, je le trouve en vous !

Rose devenait fébrile.

— Vous avez un beau nom, — poursuivit-elle, — vous avez une grande fortune...

— Qu'importe ? — interrompit le jeune homme.

— Il importe beaucoup! — Vous devez faire un brillant mariage... Votre famille est en droit de l'exiger de vous, et moi, pour remercier votre mère de l'hospitalité qu'elle m'accorde, votre père et votre sœur de l'affection qu'ils me témoignent, j'irais leur prendre leur fils et leur frère, diminuer ou plutôt briser son avenir? — Allons donc! mais ce serait là une action indigne, odieuse ! ! — On m'accuserait d'ambition, on me prêterait des calculs intéressés et vils, et ceux qui m'accuseraient ainsi auraient pour eux sinon la vérité, du moins la vraisemblance!... — Vous-même un jour, peut-être, vous en arriveriez à douter... et de cela je mourrais, voyez-vous!

XVII

— Alors, — dit René — si j'étais pauvre?

— Ah! si vous étiez pauvre! — s'écria Rose emportée par un élan de tendresse infinie, — que je serais heureuse!!

— Vous voyez bien que vous m'aimez autant que je vous aime!!

La jeune fille balbutia quelques mots inintelligibles.

— Au nom du ciel, — poursuivit le fils du docteur, — parlez-moi franchement, loyalement, sans réticences... — Le moment est solennel... C'est de notre existence à tous deux, c'est de notre bonheur qu'il s'agit... Dites que vous m'avez donné votre cœur tout entier, comme je vous ai donné le mien.

Rose hésitait, en proie à un trouble profond, envahie par une passion qu'elle avait pu contenir depuis le jour où pour la première fois elle s'était trouvée en présence du frère de son amie au parloir du pensionnat de Saint-Maur, mais qui à cette heure débordait.

— Eh bien! oui, — fit-elle après un instant de silence, emportée par son amour, — je partirai, je ne vous reverrai plus, mais je n'ai pas le courage d'emporter avec moi mon secret... — Ah! je me croyais plus forte!... Oui, je vous aime, René... je vous aime depuis notre première rencontre, mais j'espérais bien que vous ne le sauriez jamais, et que j'aurais le courage de dompter mon cœur, fallût-il pour cela le briser! Et ce courage, je l'aurais eu si vous ne m'aviez pas, vous, parlé de votre amour...
— Ah! j'aurais dû refuser d'entrer dans la maison de votre père! — J'ai été lâche! — Je m'étais dit :
— *Il* ne saura jamais que je l'aime. Mais je le verrai chaque jour, j'entendrai sa voix, je sentirai son regard s'arrêter quelquefois sur moi... Je respirerai l'air qu'il respire... Je partagerai de son existence tout ce qu'à une humble fille comme moi il peut être permis d'en partager...

Brusquement la pauvre enfant s'arrêta.

D'un geste violent elle dégagea ses mains dont René s'était emparé de nouveau, et elle s'en servit pour cacher son visage devenu pourpre.

— Mon Dieu! mon Dieu!! qu'ai-je dit? — balbutia-t-elle avec un véritable affolement, — je m'étais si bien juré de me taire toujours!

— Ah! — fit René d'une voix qui tremblait, — combien je vous bénis, combien je vous remercie d'avoir parlé ! — Moi aussi, c'est depuis le premier jour où je vous ai vue que je vous aime, ou plutôt que je vous adore... — je n'osais vous l'avouer, craignant de me heurter à votre indifférence... — Le sentiment si pur que vous m'inspiriez n'a fait que grandir... En apprenant à vous mieux connaître j'ai compris qu'il me serait impossible de vivre sans vous... et aujourd'hui, si vous quittiez la maison de mon père, s'il fallait que nous soyons séparés, j'en mourrais...

— Non ! — répliqua Rose, — vous vivrez... et moi je ferai mon devoir... je m'éloignerai.

— Mais c'est de la folie !... — Pourquoi nous condamneriez-vous tous les deux à un malheur sans fin ? — Parce que vous êtes pauvre ?... Mais je suis riche pour deux, moi, non seulement de la fortune de ma mère, mais encore de mon travail, de ma profession d'avocat, qui suffiraient amplement à nos besoins, même avec des goûts moins modestes que ne le sont les nôtres... — Vous parliez tout à l'heure d'un brillant mariage pour moi !... — Êtes-vous donc mon ennemie ?... — Ce que je cherche, ce que je désire, ce que je veux, c'est le bonheur, et vous seule au monde pouvez me le donner... — Vous avez la beauté d'un ange et vous en avez aussi la bonté. — Nous nous aimons... — Pourquoi le monde s'en étonnerait-il, et d'ailleurs que nous importe son étonnement?...

« Vous me parliez de vos devoirs de reconnaissance envers ma famille...

« Je connais mon père... il vous chérit comme sa propre fille... il vous estime profondément... il admire votre courage, votre dignité... il a deviné tous les trésors que votre cœur renferme... — Autorisez-moi à lui apprendre notre amour et nos projets d'union... Je suis certain d'avance de son consentement...

— Non ! non ! ne faites pas cela ! — Que penserait-il de moi, mon Dieu ?...

— Il pensera ce que je pense moi-même, que vous êtes la plus pure, la plus charmante des jeunes filles, et que vous serez la plus parfaite des femmes...

— Et votre mère ? Et Renée ?

— Vous savez bien que ma mère vous adore... C'est avec une joie profonde qu'elle consentira. Quant à Renée, qui déjà vous appelle sa sœur comme si elle devinait l'avenir, elle ne peut se passer de vous... — Votre présence, c'est sa santé, c'est sa vie... — Je vous défierais bien de quitter la maison de mon père... Votre départ, vous le savez trop, briserait Renée qui vous aime... — La pauvre chérie n'y survivrait pas !

La jeune fille écoutait, bouleversée, le cœur battant, les mains tremblantes.

— Ah ! pourquoi m'aimez-vous ? — balbutia-t-elle. — Que vais-je devenir? Ingrate et cruelle si je pars! Ingrate et soupçonnée si je reste!

— Rose, ma Rose bien-aimée, jurez-moi de ne pas donner suite à vos projets!... laissez-moi libre d'agir... de parler à mon père?...

— Et s'il refuse?... S'il me maudit, s'il me chasse?... Tout est possible!... — Ah! malheureuse! malheureuse!... Pourquoi ne suis-je pas morte en même temps que ma pauvre mère!...

— Parce que vous deviez vivre pour notre bonheur à tous les deux, ma chérie... — répondit René d'une voix tendre en attirant la jeune fille sur sa poitrine par une chaste étreinte. — Notre destinée, notre avenir, sont écrits depuis longtemps là-haut!... — Rose, Rose, vous serez ma femme!...

La fille adoptive de Jeanne Madoux se dégagea doucement de l'étreinte de René.

Le train stoppait en gare de Paris.

Les deux jeunes gens descendirent.

René prit le bras de celle qu'il considérait maintenant comme sa fiancée, et ils gagnèrent la prochaine place de voitures.

Pendant le trajet de la gare à l'hôtel de la rue Linné, la conversation interrompue par l'arrivée ne fut pas reprise.

Rose cherchait un prétexte plausible qui lui permît de cacher aux parents de René le piège abominable dans lequel Serge Kourawieff l'avait attirée.

René, de son côté, cherchait.

Ils s'arrêtèrent à la chose la plus simple.

Rose raconterait que l'indisposition de Véronique n'offrant aucune gravité elle s'était empressée de revenir, et qu'à la gare de Sucy elle avait fait la rencontre imprévue de René.

Ceci expliquait tout à la fois le prompt retour et le retour ensemble.

La soirée s'était passée assez tristement à l'hôtel de la rue Linné.

Après le dîner M. de Lorbac ayant à travailler avait prié qu'on le laissât seul dans son cabinet, et madame Daumont, sa fille et sa petite-fille, étaient restées au salon.

Madame Daumont brodait au crochet comme de coutume.

Thérèse lisait.

Renée toujours si gaie, si vivante, malgré son apparence un peu frêle, semblait préoccupée.

Un silence profond régnait dans la vaste pièce éclairée par deux lampes.

Il était neuf heures du soir et depuis le dîner pas une parole n'avait été échangée entre les trois femmes.

Madame Daumont se leva.

— Je remonte chez moi... — fit-elle d'un ton de mauvaise humeur. — On se croirait dans une maison en deuil, et je vous assure que ce n'est point gai !...

— Vous allez vous coucher, grand'mère... — dit

Renée tirée de sa rêverie par la voix d'Eugénie — je vous souhaite une bonne nuit.

Et elle alla l'embrasser.

Madame Daumont partie, Thérèse ferma son livre.

— Je suis un peu fatigué, chérie, — dit-elle à sa fille ; — nous devrions suivre l'exemple de ta grand'mère... — Rose certainement ne reviendra pas ce soir, et il est inutile d'attendre ton frère qui rentrera peut-être très tard, par le dernier train, car il est à la campagne pour affaires...

— Comme tu voudras, maman... — Allons dire bonsoir à papa...

— Ton père travaille, tu le sais, mignonne. — Nous le dérangerions, fort mal à propos peut-être...

Renée eut un petit hochement de tête qui passa inaperçu de madame de Lorbac.

On quitta le salon.

Thérèse reconduisit sa fille jusqu'au seuil de sa chambre, l'embrassa avec sa tendresse habituelle et gagna son appartement.

Une fois seule Renée écouta le bruit des pas de sa mère s'affaiblir de plus en plus et cesser enfin de se faire entendre.

Lorsque le bruit se fut complètement éteint, le joli visage de la jeune fille changea d'expression.

— Il faut absolument que je voie papa ce soir, ce soir même... — murmura-t-elle — j'ai assez songé à ce que j'avais à lui dire... je ne tarderai pas davantage... — Mon frère aime Rose et Rose aime mon frère... J'ai beau être une petite fille, j'ai bien vu ça... S'ils se mariaient ça ferait leur bonheur, et le mien aussi puisque je serais sûre que Rose resterait toujours auprès de moi, étant devenue tout à fait ma sœur... — Oui... oui... je verrai papa. — Je veux que René et Rose me doivent leur bonheur... Ça leur prouvera combien je les aime...

Ainsi décidée à obéir sur-le-champ à son inspiration la jeune fille, laissant ouverte la porte de sa chambre, se dirigea avec la légèreté d'un oiseau vers le cabinet de son père.

Elle en ouvrit doucement la porte, si doucement que M. de Lorbac, qui assis devant son bureau écrivait, ne l'entendit point.

L'enfant s'arrêta dans l'encadrement de cette porte.

— Est-ce que tu travailles, papa ? — demanda-t-elle d'une voix câline. — Est-ce que je te dérange ?

Le docteur leva la tête.

— Tu ne me déranges jamais, ma chérie... — répondit-il en souriant, — tu ne peux pas me déranger...

En même temps il lui tendait les bras.

Renée vint s'asseoir sur ses genoux.

— Je te croyais couchée... — reprit M. de Lorbac. — Tu dois être fatiguée, et tu sais bien, mignonne, que je t'ai défendu de veiller tard...

— Ne me gronde pas, petit père... — fit la jeune fille en embrassant le docteur, — il vaut mieux veiller le cœur joyeux que de s'endormir triste...

— Sans doute, en thèse générale, mais à quel propos me dis-tu cela ?

— A ce propos qu'une fille n'est jamais aussi heureuse qu'auprès de son père quand elle sait qu'il l'aime bien...

M. de Lorbac se mit à rire.

— Rien au monde n'est plus vrai, — dit-il, — mais...

Il s'interrompit.

— Mais, quoi, papa ?

— Je parie que tu as quelque chose à me demander..

Renée sourit sans répondre,

— Eh bien ! tu te tais ! — reprit le docteur. — A quoi penses-tu ?

— A ta perspicacité, papa...

— Alors j'ai deviné ?

— A peu près, pas tout à fait... — Tu te figures qu'il est question d'un cadeau ou d'une partie de plaisir, tandis que je veux simplement te prier de répondre à quelques questions...

— Eh bien ! ma chérie, questionne-moi...

— Et tu répondras ?

— Si je le peux... Si je le dois...

— On peut toujours... On doit toujours répondre à sa fille...

— Voyons, parle.

— Eh! bien, dis-moi quel est le plus grand bonheur dans l'existence?

Le docteur resta pendant deux ou trois secondes étonné, indécis.

La question l'embarrassait.

— Cela dépend... — fit-il enfin.

— Pas du tout! Cela ne dépend pas! — répliqua vivement Renée. — Le plus grand bonheur dans la vie, c'est de rendre heureux ceux que nous aimons... Tu le disais ici toi-même, il y a quelques jours, à la comtesse Kourawieff.

— En effet, je m'en souviens...

— Or, puisque tu m'aimes, tu dois me rendre aussi heureuse qu'il sera en ton pouvoir de le faire... — Est-ce vrai?

— Absolument vrai.

— Alors si je te disais : — *Père chéri, telle chose causerait une joie immense à ta petite Renée!..* tu m'accorderais cette chose?

— Si je le pouvais, sans doute.

Renée battit joyeusement des mains.

— Très bien, alors! — s'écria-t-elle. — Maman n'avait pas de fortune, n'est-ce pas, quand tu l'as épousée?

— Non, ma chérie... mais à quel propos...

— A ce propos — interrompit la jeune fille — que tu l'as épousée tout de même sans fortune, parce que tu l'aimais.

— Certainement!... — Mais quelle singulière conversation!... — N'as-tu point ce soir la tête un peu à l'envers?... Où veux-tu en venir?

— Papa, tu es sur la sellette... Ce n'est pas pour interroger, c'est pour répondre...

— Mais...

— Il n'y a pas de : *mais!* — Silence! Je continue... Et auprès de ma mère épousée par amour et sans fortune, tu as trouvé le bonheur?...

— Oui, le plus grand, le plus complet des bonheurs, et la plus profonde des reconnaissances aussi, car elle t'a donné à moi, ta mère, et vous êtes toutes deux ce que j'aime le plus au monde.

— Papa, tu oublies mon frère.

— Certes non, je ne l'oublie pas, mais c'est un garçon, un grand garçon qui n'a point du tout besoin de s'appuyer sur moi... — Or, on s'attache davantage aux plus faibles, à ceux auxquels il faut un soutien, une protection... Voilà pourquoi tout en aimant tendrement René, il me semble que je vous aime plus encore.

— Donc, petit père, — reprit l'enfant gâtée, — l'homme riche qui épouse une jeune fille pauvre, quand elle est belle, honnête, intelligente et pleine de cœur, ne commet pas une sottise ?

XVIII

M. de Lorbac resta muet pendant une ou deux secondes, stupéfait de cette conclusion inattendue, puis il s'écria :

— Enfin, voyons, ma petite Renée, que signifient toutes ces questions?... — Ce n'est pas sans un motif quelconque que tu me fais subir un pareil interrogatoire !...

— Mais oui, certainement, j'ai un motif...

— Apprends-le moi.

— Réponds d'abord!... — Je t'ai demandé si, selon toi, l'homme riche faisait une sottise en épousant une jeune fille qui n'a d'autre fortune que ses qualités et sa beauté?

— Eh bien ! je réponds NON... — Mais...

— Il n'y a pas de MAIS ! — interrompit Renée. — Tu te condamnerais toi-même en soulevant la moindre objection... Ce serait dire que tu regrettes ce que tu as fait...

— Bien loin de le regretter, chaque jour je m'en félicite !...

— A la bonne heure !... Par conséquent, quand il s'agira de mariage pour tes enfants, la question d'argent ne te préoccupera point?

M. de Lorbac, par un geste, indiqua qu'il allait parler.

L'enfant gâtée ne lui en laissa pas le temps et continua vivement :

— Si, par exemple, mon frère aimait une jeune fille pauvre digne en tout point de son amour, et qu'il vînt te prier de consentir à son mariage avec elle, tu lui accorderais ce consentement sans que le manque de fortune soit un obstacle?...

— Ah ça! mais, sais-tu bien qu'à t'entendre on croirait que ton frère aime quelqu'un! — fit M. de Lorbac, dont la surprise redoublait à chaque mot de sa fille.

Celle-ci descendit des genoux sur lesquels elle était assise et se tenant debout en face de son père répliqua :

— Je n'ai pas dit que René aimait quelqu'un et je ne pouvais le dire, par l'excellente raison qu'il ne m'a fait aucune confidence... — Je voulais seulement connaître ta pensée... Je la connais maintenant... Je suis très, très contente!... Plus contente que tu ne pourrais te le figurer! — Je vais me coucher, le cœur joyeux, et je t'assure que je dormirai d'un fameux sommeil!... — Bonsoir, petit père... Tu es ce qu'il y a de meilleur au monde, et je t'aime de toute mon âme!...

Elle lui sauta au cou, l'embrassa sur les deux joues et se dirigea vers la porte, mais au moment de l'atteindre elle se retourna, et de ses deux mains unies lui envoya un dernier baiser.

En entrant dans sa chambre elle poussa une exclamation de joyeuse surprise.

Elle se trouvait en face de Rose qu'elle devait croire et qu'elle croyait en effet à la ferme des Rosiers.

— Comment, toi! — s'écria-t-elle en se pendant à son cou. — Toi de retour!... — Et Véronique?...

— Véronique était infiniment moins malade que ne le faisait supposer la dépêche écrite par une voisine bien intentionnée, mais maladroite... une légère indisposition seulement. Bref, elle n'avait nul besoin de moi et j'ai cru devoir revenir tout de suite...

— Tu as eu joliment raison! — Moi, pendant ton absence, je n'ai pas perdu mon temps, va!

— Qu'as-tu donc fait?...

De la bonne besogne.

— De quelle besogne parles-tu?

— J'ai eu un long entretien avec mon père...

— A quel sujet?

— Je te dirai cela plus tard...

— Pourquoi pas ce soir même ?

— Ce soir, dormons... Tu dois être fatiguée de ton voyage, et j'ai grand sommeil...

Après s'être embrassées comme deux sœurs — qu'elles étaient sans le savoir — les jeunes filles se séparèrent.

René avait ramené Rose jusqu'à la porte de l'hôtel de la rue Linné, mais n'était point rentré.

Il lui fallait s'occuper sans le moindre retard de trouver un second témoin à joindre au vicomte de Tourbey pour l'assister dans le duel qu'il devait avoir le lendemain avec Serge Kourawieff et régler les préliminaires de la rencontre.

En conséquence il se rendit aussitôt à la demeure d'un jeune officier qu'il connaissait et lui demanda d'être ce second témoin.

La réponse ne pouvait qu'être affirmative, et Eugène Baillet, — ainsi se nommait le lieutenant — promit de se trouver le lendemain à l'hôtel à l'heure convenue, sous prétexte de faire une visite à René.

Là il s'aboucherait avec le vicomte de Tourbey, et ils iraient ensemble à l'hôtel de la comtesse Kourawieff où ils trouveraient les témoins de Serge.

Ce fut ainsi que les choses se passèrent en effet le lendemain.

Le vicomte et l'officier, après avoir reçu les instructions de René, prirent le chemin de la rue Saint-Dominique.

Serge Kourawieff, — nous l'avons dit, — en quittant la veille au soir la route de Sucy à cet angle du bois où il venait d'éprouver une si terrible déconvenue, s'était égaré dans son effarement et avait pris sans le vouloir le chemin de Chennevières.

De Chennevières il avait gagné la gare de La Varenne-Saint-Hilaire où il était monté dans le premier train se dirigeant vers Paris.

Place de la Bastille, il prit une voiture qui le conduisit directement à son cercle.

Quoiqu'il ne fût rien moins que brave, le jeune idiot comprenait à merveille qu'il ne pouvait guère reculer devant le duel que par sa très grande faute il s'était mis sur les bras, et fort à contrecœur il raconta son cas à deux de ses amis, tout aussi *copurchics* et pas beaucoup moins idiots que lui.

Enchantés de remplir une mission qui devait leur donner un certain relief, leur permettre de signer des procès-verbaux et de voir leurs noms imprimés dans les chronique des feuilles mondaines, ils promirent de se trouver le lendemain, très exactement, chez leur ami où ils attendraient les témoins de l'adversaire.

Tout en allant ainsi de l'avant, Serge faisait fort piteuse mine et se demandait s'il n'y aurait aucun moyen de trouver une échappatoire, et sans passer pour lâche de ne point se battre.

Mais il cherchait en vain, et nul expédient ingénieux ne se présentait à sa pauvre cervelle, toujours mal équilibrée mais en ce moment tout à fait détraquée par l'épouvante.

Enfin, dans le chaos, surgit une idée.

— Si maman était au courant de ce qui se passe... — se dit le jeune homme. — Femme de tête, maman!... très roublarde, maman!... Elle découvrirait peut-être un joint... — C'est à voir...

Et rejoignant le fiacre qui l'avait amené au cercle, Serge se fit conduire à l'hôtel de la rue Saint-Dominique et se mit au lit.

Nous n'étonnerons point nos lecteurs en leur affirmant qu'il passa une mauvaise nuit.

Il dormit à peine, et les courts instants où la fatigue lui ferma les yeux furent hantés par d'effroyables cauchemars.

Ce n'était plus seulement à René de Lorbac qu'il avait affaire.

Vingt épées le menaçaient, tandis que les canons de vingt pistolets se braquaient sur lui.

Dès le point du jour, il se leva et fit sa toilette.

Il connaissait les habitudes de sa mère.

La sachant fort matinale, il était certain de la trouver dans son cabinet de travail s'occupant d'œuvres de charité, écrivant, classant les rapports émanés des différentes sociétés philanthropiques dont elle faisait partie.

La pensée de lui apprendre la situation ne s'était point éloignée de son esprit, — au contraire.

Les désobligeantes visions de la nuit précédente le poussaient à chercher auprès de la comtesse un appui qui sans doute empêcherait les vilains rêves de se changer en fâcheuses réalités.

Cependant, pas plus aux yeux de sa mère qu'à ceux du public, il ne voulait passer pour un trembleur.

Donc il lui fallait avant tout sonder le terrain et ne s'avancer qu'à bon escient, quand il connaîtrait l'opinion de madame Kourawieff.

Ceci n'était point précisément facile, mais Serge espérait que le hasard lui viendrait en aide et lui fournirait une entrée en matière.

Bref, il se dirigea vers le cabinet de sa mère qu'il comptait bien trouver à son travail.

Nous connaissons la véritable nature de ce travail.

La comtesse classait les notes remises la veille par son principal agent, Saturnin Rigault, le placeur de la rue de Grenelle-Saint-Germain, et préparait ses instructions.

Nous savons de plus qu'elle avait l'habitude de s'enfermer afin qu'il fût impossible de surprendre le secret de ses opérations.

Serge frappa doucement à la porte.

Elle alla ouvrir.

Son visage s'illumina.

— Ah! c'est toi, cher enfant! — dit-elle en voyant son fils qu'elle adorait malgré tous ses défauts, quoiqu'elle ne se fît sur son compte aucune illusion, le jugeant aussi sévèrement qu'il méritait d'être jugé, mais ne l'en aimant pas moins.

Après l'avoir embrassé, elle jeta sur lui un regard scrutateur et remarqua la prodigieuse altération de son visage et son expression piteuse que ne pouvait modifier un sourire de commande.

— Ah ça, que deviens-tu donc? — ajouta-t-elle. — Depuis quelques jours je ne te vois plus...

— J'ai été très occupé... — balbutia Serge en se laissant tomber lourdement dans un large fauteuil.

Madame Kourawieff haussa les épaules.

— Occupé !... toi !... — dit-elle.

— Oui, maman...

— Et, à quoi, je te prie?

— A tuer le temps ! — Je t'assure que c'est très absorbant !

— C'est-à-dire que tu gâches ta vie, au lieu d'en faire un utile emploi! — Sans doute cette villageoise, cette péronnelle dont tu m'as parlé dernièrement, est toujours la principale de tes occupations...

— Oui, maman... C'est stupéfiant comme tu as de la jugeotte, maman ! — s'empressa de répondre Serge, enchanté de voir que sa mère amenait d'elle-même l'entretien sur le sujet qu'il ne savait comment aborder. — On ne peut rien te cacher !... Ça m'occupe d'autant plus que ça ne marche pas du tout sur des roulettes... Oh! mais du tout! du tout!

— Tant mieux! — s'écria la comtesse. — Rien ne pouvait m'être plus agréable que ce que tu m'apprends...

— Pourquoi donc ça, maman?

— Parce que je puis avoir à te marier d'un moment à l'autre, rapidement, presque à l'improviste, et que si cette éventualité très probable se réalise, il me déplairait fort de rencontrer sur mon chemin quelque obstacle sous la forme ridicule d'une liaison absurde...

— Oh! maman!

— Pas de discussion!... ce serait inutile! — Je sais ce que je prépare et ce que j'ai résolu!... — Quand je commande, il n'y a qu'à obéir, et tu obéiras!... — dit la comtesse d'un ton sec.

— Me marier... déjà... — murmura Serge, — ce ne serait pas drôle...

— Drôle ou non, cela sera... Il n'est jamais trop tôt pour devenir archi-millionnaire! — Une fois marié, tu seras ton maître et tu feras ce que tu voudras!...

La conversation prenait un ton qui l'éloignait considérablement du but que Serge désirait atteindre.

L'heure passait.

Les témoins racolés la veille au cercle ne tarderaient pas à arriver, et ceux de René de Lorbac ne tarderaient point à les rejoindre.

Donc il fallait, sans de plus longs ambages, aller droit au motif réel de la visite matinale de Serge à sa mère.

Le jeune homme se leva.

— Maman, — dit-il d'une voix qu'il essayait de rendre solennelle, mais sans y parvenir, — il faut que je t'ouvre mon cœur...

La comtesse étonnée le regarda.

— M'ouvrir ton cœur ? — répéta-t-elle. — A quel propos ? — Est-ce une plaisanterie ?

— Je t'assure au contraire que c'est fort grave...

— Allons donc !...

— En ce moment, j'ai besoin de tes conseils...

— Je ne te les ai jamais refusés... mais tu ne les as jamais suivis...

— J'ai eu grand tort, et cette fois je les suivrai religieusement...

— Tu t'en trouveras bien... — De quoi s'agit-il ?

— D'une chose sérieuse, ainsi que tu vas le voir... — J'ai un duel...

Madame Kourawieff tressaillit, devint pâle et répéta :

— Tu as un duel !

— Oui, maman...

— Depuis quand ?

— Depuis hier au soir...

— A propos de quoi ?

— Tu ne devines pas un peu ?

— Assurément non !

— Parbleu ! c'est à propos de la petite personne dont je t'ai parlé et dont je m'étais toqué si fort que c'en était hypnotisant !

Madame Kourawieff leva les yeux et les mains vers le plafond.

— Ah ! ça, mais, décidement, tu es fou ou tu es idiot, malheureux garçon ! — s'écria-t-elle avec une colère qu'il lui fut impossible de dominer. — Tu te mets une ridicule et dangereuse affaire sur les bras juste au moment où j'ai besoin que tu aies l'apparence d'un homme sérieux !

— Je t'assure, maman, que je le suis, très sérieux !...

— Tu n'es qu'un grand niais ! — répliqua la comtesse en haussant les épaules. — On se moquait de toi, j'en suis sûr ! — Elle avait un amant, n'est-ce pas, ta villageoise, ton orpheline, ton modèle de toutes les vertus ?... Et cet amant t'a cherché querelle ! — Dieu ! que les jeunes gens d'aujourd'hui sont outrageusement bêtes ! — Eh bien tu ne te battras pas pour cette demoiselle, entends-tu ! — Un duel dérangerait tous mes projets ! — Je te défends de te battre !

XIX

Serge éprouvait, sans le laisser voir, une joie intérieure très intense.

Sa mère lui défendant de se battre saurait trouver quelque moyen adroit pour empêcher la rencontre.

Mais il fallait opposer à sa volonté un semblant de résistance d'autant plus énergique que maintenant il avait l'espoir de s'en tirer sans croiser le fer.

— Maman, — dit-il en se donnant un air de dignité grotesque, — ce que tu me demandes là est impossible !...

— Pourquoi ? — L'affaire ne saurait être bien grave, ayant une cause si futile !...

— On m'a parlé sur un ton plus que vif... — J'ai été menacé...

— Menacé, toi!... toi! le comte Kourawieff! On a osé!!...

— Parfaitement... — On a même osé plus... J'ai été presque frappé!!... On a levé la main sur moi, et sans la fierté de mon attitude qui en a imposé au brutal, je recevais une claque! une vraie claque! ce qui aurait bigrement manqué de galbe!!... — Qu'est-ce que tu dis de ça, maman?

Au lieu de répondre, madame Kourawieff demanda :

— Quel est l'insolent qui a osé lever la main sur toi?

— C'est René...

— René, qui?... — Est-ce que je le connais, ce René?...

— Tu ne connais que lui! — C'est René de Lorbac, parbleu!...

En entendant ce nom, la comtesse tressaillit de tout son corps.

Elle saisit son fils par le bras et le foudroya du regard.

— Maman, qu'est-ce que tu as? — balbutia-t-il pris d'un effroi soudain. — Maman, lâche-moi le bras... tu me serres trop fort... tu me fais mal...

La comtesse en effet lui tenaillait le poignet avec une force nerveuse effrayante.

Elle ne le lâcha point, et le secouant toujours elle lui dit d'une voix rauque :

— Ainsi donc, il ne suffit pas que tu sois un être

inutile, il faut que tu deviennes un être nuisible!!
— Non seulement tu n'es bon à quoi que ce soit, tu ne peux m'aider en rien, mais encore tu viens te jeter à la traverse de mes entreprises comme une brute malfaisante et me brouiller avec le père de René, le docteur de Lorbac, dont le concours m'est indispensable pour la plus importante de mes œuvres!! — Imbécile!! Triple imbécile!!

Tout en parlant, madame Kourawieff secouait le malheureux Serge comme il avait été secoué la veille au soir à l'angle du bois de Sucy.

— Je ne savais pas, moi! — glapit le jeune idiot, en essayant sans le moindre succès de se dégager. — Maman, lâche-moi donc!... Tu vas me déboîter les os... — Puisque je ne savais pas, ce n'est point ma faute!...

La comtesse desserra ses doigts crispés et repoussa son fils avec autant de mépris que de colère, puis, toujours menaçante, elle poursuivit :

— Un duel! — Un duel avec René de Lorbac! — il ne manquerait plus que cela! — Et comment est survenue cette déplorable affaire?

Serge profita de la liberté qui venait de lui être rendue pour essuyer avec son mouchoir sa figure baignée de sueur, et il répondit :

— Comment? — C'est facile à comprendre... — l'amour seul en est cause... — René m'a surpris au moment où je m'occupais d'enlever la petite...

— Enfin, quelle est-elle donc, cette fille que

René connaît aussi et pour laquelle il veut se battre?

— Parbleu !... c'est l'institutrice de sa sœur...

— Rose !... — murmura la comtesse avec stupeur.

Pendant quelques secondes elle demeura immobile, regardant son fils d'un air effaré.

— Ainsi, — reprit-elle au bout d'un instant, — voilà donc où te poussent tes passions idiotes ! — Non content de galvauder ta jeunesse avec toutes les coquines qui se rencontrent sur ton chemin, tu vas dans la plus honorable famille, où je suis reçue, dont le chef est un homme universellement admiré et respecté, une des illustrations de la France, et tu t'efforces de séduire l'institutrice, la compagne et l'amie de la fille du docteur ! — Ah ça, mais tu ne comprends donc rien ! — Tu es donc un gâteux complet !...

— A quel propos me dis-tu ces petites douceurs, maman ? — demanda Serge très vexé. — Qu'est-ce que je ne comprends pas ?

— Tu ne comprends pas que si on apprend ta conduite indigne à l'hôtel de la rue Linné, toutes les portes seront désormais fermées pour toi, et peut-être aussi pour moi qui ai le malheur d'avoir un tel fils ! — Ainsi je porterai la peine de ta colossale ineptie !... — Tu compromets mes intérêts ! Tu me brouilles avec l'homme dont j'ai besoin... dont je ne peux pas me passer... qui seul est capable de guérir...

La comtesse s'aperçut que dans son emportement elle allait nommer Gaston Dauberive.

Elle s'arrêta soudain, puis au bout d'une seconde reprit :

— Voilà que tu te compromets... que tu te rends impossible, juste au moment où j'ai besoin, je ne dirai pas de ton concours, tu es incapable de me le donner, mais de ta sotte personne ! — Tu ne sais donc pas, malheureux, tu ne sais donc pas qu'il s'agit de quinze millions ! entends-tu ? — quinze millions que je voulais conquérir pour toi et que tu vas me faire perdre !

Serge, en face de la violente irritation de sa mère, toujours si calme, si maîtresse d'elle-même, se sentait complètement ahuri.

— Quinze millions... — répétait-il machinalement.

— Oui ! — Autant en emportera le vent si ce duel a lieu ! — Il ne faut pas qu'il ait lieu ! — Il n'aura pas lieu !

Ces paroles produisirent sur le jeune homme l'effet d'une brise rafraîchissante, — elles le ravivèrent et lui mirent du baume dans le sang.

Que le duel n'eût pas lieu, il ne désirait pas autre chose !...

— M'obéiras-tu, voyons ? — demanda la comtesse.

— Je le voudrais, maman, puisque tu y tiens...

— répondit-il d'une voix mal affermie — mais c'est bien difficile...

— Pourquoi ? — tu as tous les torts. — Fais des excuses...

Serge se rebiffa.

Cette conclusion n'était pas du tout celle qu'il attendait.

— Oh ! quant à ça, — s'écria-t-il, — jamais !...
— Je n'oserais plus mettre les pieds au cercle !... on me montrerait au doigt sur le boulevard... — mes témoins me diraient des mots très durs... ils vont venir, mes témoins, attendre ceux de René de Lorbac, et tu comprends bien...

— C'est moi qui les recevrai... — interrompit madame Kourawieff,

— Toi, maman !

— Moi-même...

En ce moment résonna le timbre de l'hôtel.

La comtesse s'élança vers une fenêtre et vit deux jeunes gens qui traversaient la cour.

— Ce sont tes témoins, sans doute... — dit-elle à Serge qui l'avait suivie et qui regardait aussi.

— Oui, maman...

Madame Kourawieff sonna.

Nicolas, le domestique russe, parut presque aussitôt.

— Deux personnes viennent d'arriver à l'hôtel, amenez-les ici... — lui commanda la pseudo-grande dame.

Le valet sortit.

— Qu'est-ce qu'elle va faire ? — qu'est-ce qu'elle va dire ? — se demandait Serge.

— Tu me laisseras parler... — reprit madame Kourawieff.

— Oui, maman.

Au bout de quelques secondes, Nicolas introduisit les nouveaux venus.

C'étaient, — nous le savons — deux jeunes gens de l'âge de Serge, aussi grêles que lui, et comme lui vêtus avec une recherche d'élégance qui côtoyait de très près le ridicule.

En voyant madame Kourawieff dont la présence en ce moment leur paraissait à bon droit tout à fait inexplicable, ils s'arrêtèrent sur le seuil, stupéfaits.

La comtesse se dirigea vers eux.

— Veuillez entrer, messieurs — leur dit-elle en accompagnant ses paroles de son plus gracieux sourire. — Mon fils, pressé de questions par moi, a été obligé de tout m'apprendre... — Je sais que vous venez ici attendre les témoins de son adversaire afin de régler avec eux les conditions de la rencontre qui doit avoir lieu...

Les jeunes gens saluèrent, et l'un d'eux prit la parole.

— En effet, madame la comtesse... — dit-il, — notre ami Serge a été gravement insulté... — il exige une réparation par les armes, et il nous a fait l'honneur de nous choisir pour l'assister sur le terrain...

— Vous parlez d'insulte, messieurs... — Mon fils, lui aussi, m'en a parlé... — Je connais la cause première du différend, mais les détails me manquent.

— Je vais te les expliquer par le menu, maman... — dit vivement Serge.

— Tout à l'heure... — interrompit madame Kourawieff en se dirigeant pour la seconde fois vers la fenêtre, car le timbre de l'hôtel venait de retentir de nouveau et deux jeunes gens, dont l'un portait l'uniforme, apparaissaient dans la cour.

— Ce sont les témoins de M. de Lorbac, — poursuivit-elle et, appelant Nicolas, elle lui donna l'ordre d'introduire les arrivants.

Serge était pâle et tremblait.

La comtesse debout, appuyée à un meuble, le regardait avec une pitié dédaigneuse.

La porte s'ouvrit et Nicolas annonça :

— M. le vicomte de Tourbey... M. le lieutenant Baillet...

Les deux hommes entrèrent, et à leur tour furent stupéfaits en voyant la comtesse. — Ils ne pouvaient en croire leurs yeux.

— Je comprends à merveille votre surprise, messieurs... — leur dit madame Kourawieff, — et croyez que je ne me dissimule point combien ma présence est insolite et doit vous paraître choquante... — Elle le serait en effet si je n'avais pour l'expliquer, pour la justifier, des raisons qui vous seront soumises... — j'ai voulu, malgré mon fils croyez-le bien, vous recevoir moi-même... — il s'agit d'un duel...

— Oui, madame, — dit le vicomte en s'avançant, — et nous ne comprenons pas...

— Vous comprendrez tout à l'heure, messieurs... — Gardez-vous de croire que j'aie l'intention folle de peser sur les décisions à prendre par vous et par les témoins de Serge, mais avant que mon fils aille sur le terrain j'ai le droit et la volonté de connaître les motifs qui l'y conduisent.

— Quel que soit le désir exprimé par vous, madame — dit le vicomte de Tourbey — la courtoisie nous oblige à nous y soumettre... — C'est à M. le comte Kourawieff qu'il appartient de vous apprendre ce que vous souhaitez connaître...

— Rivalité d'amour... Maman le sait... — fit Serge.

— Oui, mais les détails !... — Ce sont les détails qu'il me faut, et je veux qu'ils me soient donnés par toi en présence de ces messieurs... — Parle donc maintenant, je te l'ordonne !...

Il fallait s'exécuter.

Rouge de honte, car malgré son violent désir de ne pas se battre il comprenait combien était ridicule le rôle que lui faisait jouer sa mère, Serge raconta ce qui s'était passé jusqu'au moment de l'intervention inattendue de René de Lorbac et du vicomte de Tourbey.

La comtesse avait écouté avec une profonde attention le récit de son fils.

Quand il l'eut achevé elle prit la parole :

— Tout cela est bien exact? — demanda-t-elle.

— Je l'affirme... — répondit M. de Tourbey.

— Messieurs, vous allez connaître mon opinion, — dit madame Kourawieff qui, se tournant vers son fils, ajouta d'un ton sévère : — Vous avez été bien léger, Serge, bien coupable, et la position n'est point du tout ce que d'après vos premières paroles elle semblait être! — Au lieu d'être l'offensé, vous êtes l'offenseur! — Vous avez commis une action odieuse en jouant avec la réputation, avec l'honneur d'une jeune fille absolument honnête que vous vouliez attirer dans un piège!
— Vous ne pouvez malheureusement offrir aucune réparation digne d'elle à cette jeune fille, puisque M. de Lorbac l'aime et qu'il veut la prendre pour femme... — En manquant au respect dû à cette enfant, c'est M. de Lorbac lui-même que vous offensiez, mais, — et maintenant, ce n'est plus à vous, c'est à ces messieurs que je m'adresse, — mais, si grave que soit l'offense, je ne crois pas qu'elle doive entraîner une rencontre...

Les quatre témoins, très étonnés, se regardèrent.

Le vicomte de Tourbey s'écria :

— Madame la comtesse oublie que son fils a été menacé, et que René de Lorbac, comme c'était son droit, a levé la main sur lui!...

XX

— C'est parce que je n'oublie pas, monsieur, que je parle ainsi ! — répliqua madame Kourawieff. — Si M. de Lorbac et non mon fils avait été menacé, si la main de Serge s'était levée sur lui, je ne me permettrais certes pas de dire ce que j'ai dit, M. de Lorbac étant le seul juge en sa propre cause...

» Il n'en est point ainsi, heureusement, et je crois, en intervenant, obéir à des motifs de l'ordre le plus élevé...

» Songez-y, messieurs, il s'agit de la réputation d'une jeune fille, c'est-à-dire de ce qu'il y a de plus fragile, de ce qui doit rester intact et au-dessus de tout soupçon, car un soupçon, même injuste, peut devenir une flétrissure...

» Un duel dont elle serait l'héroïne nuirait d'une façon irrémédiable à la réputation jusqu'à présent sans tache de la jeune fille qui nous occupe...

» Le monde est méchant, vous le savez aussi bien que moi... — Une rencontre entre M. de Lorbac, avocat déjà connu, fils de l'un des hommes les plus célèbres de notre époque, et le comte Kourawieff, serait aussitôt le bruit de Paris... — On en voudrait connaître le motif et du moment où on pourrait mêler un nom de femme à cette affaire, la calomnie aurait beau jeu... or la calomnie laisse après elle une tache indélébile...

» Cela, ne faut-il pas l'éviter à tout prix?

» A cette raison, déjà si puissante, s'en joint une autre qui n'est point non plus sans valeur.

» Je suis l'amie de madame de Lorbac, et le docteur me témoigne une sympathie qui m'enorgueillit.

» Je ne souffrirai pas que mon fils risque de porter le deuil dans cette famille où je suis accueillie, et je préfère pour lui une blessure d'amour-propre à un remords éternel !

» Serge a tous les torts, je le reconnais, et en son âme et conscience il le reconnaît certainement lui-même... — N'y aurait-il pas de sa part une certaine grandeur à en faire l'aveu tout haut devant vous et à en témoigner ses regrets sincères?... — Cela lui est d'autant plus permis que personne au monde ne peut mettre en doute son courage, sa résolution ! — Il a fait ses preuves...

Un sourire involontaire vint aux lèvres des témoins de René de Lorbac.

La comtesse fit semblant de ne pas voir le sourire et poursuivit :

— Bref, je ne crois pas que votre mandat vous défende d'accepter des excuses si on vous en offrait...

M. de Tourbey et le lieutenant échangèrent un regard ironique.

— Il est certain que des excuses modifieraient les choses... — dit le vicomte, — Nous en offre-t-on?

— Si au nom de mon fils je réponds affirmativement, les accepterez-vous?

— Oui, sans doute, mais à une condition...

— Laquelle?

— C'est qu'elles seront présentées sous une certaine forme...

— Vous serez juges de cette forme...

— M. Kourawieff écrira deux lettres exprimant tous ses regrets, l'une à M. René de Lorbac, l'autre à mademoiselle Rose Madoux... Ces lettres que nous nous chargerons de remettre, nous seront communiquées préalablement... — Nous rédigerons ensuite, les témoins de M. Kourawieff et nous, un procès-verbal par lequel nous nous engagerons sur l'honneur à garder cette affaire absolument secrète... — Voilà nos conditions... — Sont-elles acceptées?

Serge allait répondre.

Sa mère lui coupa la parole.

— Oui, certes, elles sont acceptées, — dit-elle, — et je les trouve absolument justes... — Serge doit récolter ce qu'il a semé. — Il ne lui reste qu'à s'asseoir à mon bureau et à écrire les deux lettres qu'avec raison vous exigez de lui...

Le jeune homme, l'oreille très basse, s'empressa d'obéir.

Il se laissa tomber sur un siège et prit une plume.

Penchée sur son épaule, la comtesse lui dicta à haute voix les deux lettres dont elle pesait chaque expression.

Quand il eut achevé et qu'il eut écrit les adresses, madame Kourawieff se tourna vers les témoins de René et demanda :

— Est-ce bien ainsi, messieurs?

Le vicomte de Tourbey s'inclina et répondit en souriant :

— Vous êtes un diplomate de tout premier ordre, madame. — Quel ministre des affaires étrangères vous auriez fait!

Les lettres étaient en réalité d'une admirable délicatesse, de purs chefs-d'œuvre de tact et de convenance.

Serge, tout en faisant des excuses, s'y montrait incomparablement gentilhomme.

Dieu sait cependant s'il l'était peu!

Le procès-verbal fut ensuite écrit et signé par les quatre témoins qui, cette formalité accomplie, prirent congé de celle que de la meilleure foi du monde ils croyaient une vraie Russe et une vraie grande dame.

Tout Paris d'ailleurs partageait cette illusion, et tout Paris avait son excuse, car la ci-devant Adèle Gérard jouait avec un impeccable talent son rôle de comtesse authentique.

Serge Kourawieff évitait son duel et sans doute un bon coup d'épée, et de cela il éprouvait une joie vive, ce qui ne l'empêchait pas de se sentir au fond prodigieusement vexé.

Le sot et le bélître, chez lui, étaient doublés d'un vaniteux, il avait nettement conscience du rôle piteux qu'il venait de jouer en cette triste affaire, et tout bas il se disait :

— Patience ! — Je trouverai bien moyen un jour ou l'autre de me venger de mon ex-ami, René de Lorbac, et si ça brouille maman avec le docteur, je m'en fiche pas mal !...

Le vicomte de Tourbey et le lieutenant Baillet, en quittant l'hôtel de la rue Saint-Dominique s'étaient rendus boulevard Saint-Michel au café du Palais où ils devaient retrouver René pour lui rendre compte de la mission délicate dont il les avait chargés, et pour déjeuner avec lui.

Le jeune homme était arrivé depuis une demi-heure et attendait.

— Eh bien ? — demanda-t-il, en serrant la main à ses témoins.

— Eh bien ? — répondit M. de Tourbey, — ce drôle est le plus complet des pleutres !...

— Il ne se battra pas ?

— Non.

— Alors il a fait des excuses?

— Les excuses les plus complètes qu'il soit possible d'imaginer...

— Ecrites?

— Ecrites et signées.

— Je m'y attendais presque. — Je vois maintenant que je le jugeais bien! — Déjeunons, et tout en déjeunant vous me donnerez des détails...

On se mit à table.

Le vicomte raconta par le menu ce qui s'était passé, et René prit connaissance du procès-verbal et des deux lettres...

— Mais elles sont très bien, ces lettres!... — dit-il après les avoir lues.

— Ah! la comtesse Kourawieff est une rude femme! — s'écria le jeune officier. — Tudieu, quel diplomate!

— En somme, et toutes réflexions faites, elle a eu raison... — reprit René... — Il est extrêmement heureux que les choses s'arrangent ainsi et que l'affaire reste secrète... — Malgré toutes les précautions prises par moi, mon père aurait eu certainement connaissance de ce duel et je me serais vu forcer de lui en expliquer les causes ce qui, dans les circonstances actuelles, aurait été déplorable. — L'intervention de la comtesse avait naturellement pour but d'éviter à son grand olibrius de fils un joli coup d'épée, mais elle est arrivée fort à propos pour m'éviter, à moi, tout bruit et tout scandale...

— Alors, vous êtes satisfait, cher monsieur de Lorbac ? — demanda M. de Tourbey.

— On ne saurait l'être davantage ! — Il est certain que la leçon sera bonne pour cet idiot de Serge, et qu'on n'entendra plus parler de ses déclarations bouffonnes et de ses poursuites obsédantes... — Donc tout est pour le mieux dans le meilleur des mondes... — Il me reste maintenant à vous témoigner ma bien sincère gratitude.

René serra de nouveau les mains de ses témoins, et le déjeuner s'acheva gaiement.

..

Pauline, l'enfant trouvée rencontrée par Jarry dans le petit établissement de bouillon de la rue du Bac, et à qui il avait offert de la prendre pour servante, quoiqu'il n'eût à lui donner aucune besogne sérieuse, habitait toujours le petit logement de la rue Saint-Placide.

Elle avait un gîte, elle recevait de l'argent, elle pouvait se nourrir sans songer au lendemain, elle jouissait d'une liberté sans limites; donc rien ne lui manquait, semblait-il, de ce qui, pour une personne dans sa position, constitue le parfait bonheur; donc elle devait se trouver heureuse.

Eh bien, non !

La solitude presque continuelle dans laquelle il lui fallait vivre l'ennuyait outre-mesure.

De plus son imagination, fort peu active cependant, travaillait et elle commençait à avoir peur...

Peur de quoi?

Du mystère dont s'entourait l'homme qu'elle connaissait sous le nom de *Monsieur Michel.*

Où cet homme passait-il toutes ses nuits?

Pourquoi gardait-il un logement qu'il n'habitait point?

Pourquoi payait-il une servante qu'il n'occupait pas?...

N'était-il point affilié à l'une de ces bandes de malfaiteurs dont à certaines époques les nocturnes exploits épouvantent Paris?

Ne fabriquait-il point de la fausse monnaie quelque part?

N'allait-elle point se trouver compromise un jour où l'autre pour avoir participé, sans le savoir, à une œuvre de ténèbres dont elle ignorait même l'existence?...

C'était incensé, mais la frayeur ne raisonne pas, surtout quand elle s'empare d'une nature médiocrement intelligente, et Pauline résolut d'avoir une explication catégorique avec *monsieur Michel*, la première fois qu'elle le verrait et, si cette explication ne lui semblait point satisfaisante, de quitter sans retard son service par trop facile.

Jarry, de son côté, trouvait le temps effroyablement long.

Ces nuits passées à dormir d'un mauvais sommeil à côté de la chambre d'un fou l'énervaient.

Selon lui, le traitement que M. de Lorbac faisait suivre à Gaston Dauberive ne produisait aucun résultat appréciable et c'était jouer un jeu d'enfant que de s'éterniser à des soins qui vraisemblablement aboutiraient à un insuccès.

— Tout cela, — se disait-il, — est fastidieux au plus haut point! — C'est à s'en faire blanchir les cheveux d'avance! — Je vis comme un cloporte au fond d'une cave derrière des futailles vides!

» N'en faut plus!

» Je veux la pleine lumière! je veux l'existence large et joyeuse que donne l'argent, et je la veux à bref délai!

» Puisque la comtesse Kourawieff ne sait pas tirer parti de la splendide affaire apportée par moi, tant pis pour elle! — J'agirai de mon côté, et tout seul si je peux!

» J'ai mon plan! »

Or, un matin Jarry, mâchonnant entre ses dents ce monologue rageur qu'il répétait vingt fois par jour, prenait le chemin de la rue Saint-Placide où il n'avait point paru depuis une semaine.

En route il acheta des côtelettes, des andouillettes, un jambonneau et deux bouteilles d'un vin de Bourgogne plus ou moins authentique, et chargé de ces provisions il monta l'escalier conduisant à son logement.

Il sonna à la porte pour s'éviter la peine de chercher sa clef au fond de sa poche.

Pauline vint lui ouvrir.

— Ah! — s'écria-t-elle en l'apercevant — vous voilà donc, à la fin, m'sieu Michel!... — Eh! bien, c'est heureux!

— Qu'est-ce que c'est que ce ton-là, ma fille? — demanda Jarry en riant car il était bon prince. — Vous avez l'air tout encharibottée... — Est-ce que ça ne va pas?

— Non, ça ne va pas.

— Vous trouvez peut-être que vous avez trop d'ouvrage? — reprit le nouveau venu d'un ton goguenard.

— Je trouve que je n'en ai pas assez.

— Tiens! Tiens! Tiens! en voilà du nouveau!

— Je n'aime point les mic-macs où on ne voit goutte — poursuivit Pauline, — et si vous ne m'expliquez pas pourquoi vous me gardez ici à ne rien faire, je m'en vas!

Jarry éclata de rire.

— Comme ça se trouve!... — s'écria-t-il ensuite, — Moi qui viens tout justement ce matin exprès pour vous expliquer ce que vous voulez savoir...

— Pas possible!... — murmura Pauline stupéfaite.

— Parole d'honneur!... — Allons, ma fille, allumez un joli feu de charbon de bois et faites griller ces andouillettes et ces côtelettes pendant que je mettrai la table. — Nous déjeunerons ensemble, et tout en jouant de la fourchette nous causerons...

— J'ai bien des questions à vous adresser... J'ai à vous faire subir un interrogatoire en règle...

— Un interrogatoire! à moi?

— Parfaitement!

— Et pourquoi m'interrogerez-vous?

— Pour arriver à mettre au point certain petit plan qui peut nous conduire à la fortune...

— A la fortune, tous les deux?

— Tous les deux, ma fille... — Hein?... cela vous sourit?...

— Cela me sourirait si j'avais la preuve que vous ne vous moquez pas de moi...

— Cette preuve ne se fera guère attendre...

Tandis que s'échangeaient ces paroles, Pauline allumait le feu et plaçait sur le gril les victuailles apportées par Jarry.

Celui-ci dressait le couvert.

Bientôt le maître et la servante furent attablés en face l'un de l'autre.

— Maintenant, ma fille, entamons l'entretien — reprit l'ex-forçat — Il s'agit de me répondre avec la plus entière franchise...

— Pourquoi donc pas? — Je n'ai rien à cacher...

— Nous allons renouer la conversation commencée le jour où je vous ai rencontrée pour la première fois à la crèmerie... — Cette conversation avait trait à votre état civil... — Continuons-la...

— A quoi peut-il servir, cet état civil ?

— A quoi ? — s'écria Jarry. — Mais tout simplement peut-être à nous mettre dans les mains un joli lot de millions !

XXI

Pauline ouvrit des yeux énormes.

— Des millions... — répéta-t-elle avec stupeur.

— Oui, — répondit Jarry.

— C'est une *blague*, hein? — Vous me faites poser, pour sûr?

— Un peu de patience, donc!

L'ex-forçat remplit les deux verres.

— A votre santé, ma fille... — dit-il.

— A la vôtre, m'sieu Michel...

Quand les verres furent replacés sur la table, Jarry continua :

— Si j'ai bonne mémoire, vous n'avez jamais connu votre père ni votre mère?...

— Jamais, ou si je les ai connus j'étais si petite qu'il m'est impossible de m'en souvenir...

— Pas même un peu?...

— Oh ! pas du tout ! — J'ai souvent cherché à me rappeler n'importe quoi de ce temps-là, mais c'a été comme si je chantais !

— Et vous avez été déposée à l'hospice des Enfants-Trouvés ?

— Non.

— Où donc ?

— Sur les marches de l'hôpital de la Charité...

— En quelle année ?

— En 1867...

— Excellent, cela !... — Savez-vous la date exacte ?

— Oui.

— Et cette date ?

— C'était dans la nuit du 16 au 17 novembre...

— De mieux en mieux !... — s'écria Jarry, — C'est juste la date du jour où disparaissaient de Montgrésin Gaston Dauberive, sa maîtresse et sa fille.

— Qu'est-ce que ça signifie ?

— C'est un rapprochement de dates tout à fait stupéfiant ! — Le hasard seul ne fait pas ces choses-là !

— Est-ce que vous avez retrouvé ma famille, par hasard ?

— Eh ! eh ! peut-être bien...

Et Jarry ajouta *in petto* :

— Ça serait drôle tout de même si j'étais, sans

le savoir et sans le vouloir, tombé sur la vraie fille !...

Puis, tout haut :

— Quel âge aviez-vous quand on vous a abandonnée ?

— Ça, je ne le sais pas au juste... — un peu plus ou un peu moins d'un an...

— Et vous ne savez pas non plus quels objets de nature à vous faire reconnaître plus tard se trouvaient avec vous quand vous avez été déposée sur les marches de l'hôpital de la Charité ?

— Je l'ignore absolument.

— Qui vous a donné le nom de Pauline ?

— Je me suis toujours entendue appeler ainsi...

— Sans doute ! Mais est-ce un nom qui vous vient de l'hospice ou était-il réellement le vôtre, tracé sur un morceau de papier attaché à vos vêtements ?...

— Je ne m'en doute pas...

— Eh ! sacrebleu ! — s'écria Jarry, — voilà ce qu'il serait important de savoir ! — Il faudrait prendre connaissance du procès-verbal dressé le jour de votre admission à l'hospice.

— Oh ! quant à ça, c'est impossible !...

— Pourquoi ?

— A l'hospice il est défendu de communiquer les procès-verbaux à qui que ce soit...

— Cependant, quand on vient réclamer un enfant abandonné ?...

— Les gens qui viennent faire la réclamation doivent indiquer le lieu précis, la date du dépôt, et donner le détail des objets qui accompagnaient l'enfant.

— Comment donc avez-vous su, vous, la date de votre abandon?...

— Par hasard, lorsque je fus mise en place en sortant de l'hospice des Enfants-Trouvés.

— Tonnerre! — murmura l'ex-forçat, — il faut absolument que j'invente un moyen de lire ce procès-verbal.

— Et si vous le lisiez, à quoi ça mènerait-il?

— A vous faire retrouver votre père. — Rien que ça, ma fille!...

— Mon père? mon vrai père?...

— Authentique et garanti, oui, ma fille...

— Et ça me rapporterait?

— Un gros héritage que vous ne pourriez toucher sans lui! — Il suffira qu'il dise: — *C'est bien elle!... C'est ma Pauline chérie!... je la reconnais!...* et tout marchera sur des roulettes!...

— Mais comment me reconnaîtrait-il puisqu'il ne m'a jamais vue?

— Eh bien, et cette vieille voix du sang, qu'est-ce que nous en faisons donc? — demanda Jarry en riant. — D'ailleurs, je serai là, moi!... — Bref, — sachant déjà ce que je sais, — il me suffirait de connaître le procès-verbal donnant les détails que j'ignore, et je répondrais de mener l'affaire à bien!...

— Qu'est-ce qui m'empêcherait de dire : — *C'est moi qui ai déposé la miochette sur les marches de l'hôpital de la Charité... — il y avait ça, ça et ça près d'elle et sur elle !...* de fournir enfin les renseignements exigés que j'aurais appris en lisant le procès-verbal... Est-ce clair?...

— Mais... — commença Pauline réfléchissant.

— Mais, quoi? — demanda Jarry.

— Si c'est mon père qui m'a exposée, il s'en souviendra...

— Ce ne n'est pas lui...

— Comment le savez-vous?

— Peu importe comment je le sais... l'essentiel est que j'en sois sûr... et je le suis.

— Je n'y comprends rien...

— Il est inutile de comprendre... il vous suffira d'obéir...

— Obéir à quoi?

— A mes ordres. quand sera venu le moment d'agir...

— Je ferai tout ce que vous me direz de faire...

— Il n'en faudra pas davantage...

— Et mon père, ou du moins celui que vous prétendez être mon père, où est-il?

— A Paris, — chez une grande dame... une comtesse... une intrigante qui voudrait mettre le grappin sur les millions de l'héritage qui doit vous revenir.

— Qu'est-ce qu'il fait chez cette comtesse?

— Rien... il se laisse mijoter, dorloter, soigner de toutes les façons.

— On le soigne... il est donc malade ?...

— Physiquement non... moralement oui.

— Qu'est-ce que ça signifie ?

— Ça signifie qu'il est fou...

— Mon père est fou !... — s'écria Pauline.

— Tout ce qu'on peut imaginer de plus fou ! — C'est auprès de lui que je passe mes nuits pour le surveiller... et voilà l'explication naturelle de ces absences qui vous intriguaient tant et vous faisaient me prendre pour un faux monnayeur ou quelque chose d'approchant...

— Voulez-vous que je vous dise... — murmura la jeune fille. — Eh bien ! toute cette histoire que vous venez de me raconter me semble louche ! — Ça doit être un père d'occasion que vous allez me procurer là !

— Parole d'honneur, je n'en suis pas sûr ! — Mais quand cela serait, qu'est-ce que ça pourrait vous faire ?... — Ne vous occupez de rien que de m'obéir, comme vous me l'avez promis tout à l'heure... — Laissez-moi travailler sans bruit, mais sans relâche, et je vous garantis que la comtesse ne pourra grignoter les millions de l'héritage de Pauline Dauberive !

— *Pauline Dauberive ?* — répéta l'enfant trouvée avec un accent d'interrogation.

— C'est vous ! — c'est le nom de la fille qui a été

enlevée à Gaston Dauberive le 16 novembre 1867. Comprenez-vous, maintenant ?

— Je comprends que je suis, ou tout au moins que je serai cette fille-là...

— A la bonne heure ! ! — Je suis content de votre intelligence ! — Soyez tranquille, ma fille, vous bénirez le jour où, sans place et sans argent, vous m'avez rencontré dans la crèmerie de la rue du Bac... Avant qu'il ait passé beaucoup d'eau sous les ponts, nous roulerons carrosse ! !

Le déjeuner se termina fort gaiement.

Aussitôt le café pris l'ex-forçat sortit, laissant Pauline à ses rêves de fortune.

Le plan de Jarry était entièrement combiné.

— Ça sera bien le diable, — se disait-il en se dirigeant du côté de l'hospice des Enfants-Trouvés, — si avec un ou deux billets de 500 francs je ne me procure pas les renseignements dont j'ai besoin ! L'administration de l'hospice occupe d'assez nombreux employés. Il ne s'agit que d'en trouver un qui se laissera tenter, et mon affaire sera dans le sac ! — Or, par le temps qui court, les billets de cinq cents ne se rencontrent point sous le pied d'un cheval, et le pauvre diable d'expéditionnaire à qui je montrerai le coin d'un voudra probablement le voir tout entier.

En règle générale, les employés de toutes les administrations ont aux environs de leurs bureaux un café où ils fréquentent d'habitude.

Jarry allait se mettre à la recherche de ce café.

Pour tout autre que pour lui, doué d'une imagination très fertile, cette recherche aurait pu demander un temps assez long.

Mais l'ex-forçat, — ainsi qu'un bon chien de chasse — possédait un flair tout particulier et très développé — nous en avons eu déjà la preuve.

Au lieu d'aller s'informer de café en café dans le quartier où il se rendait, il se dit que le plus simple était de se mettre en faction près de la porte de l'hospice, — il verrait sortir des employés et n'aurait qu'à les suivre pour arriver à connaître leur établissement préféré.

Il agirait alors et arriverait à ses fins un peu plus tôt ou un peu plus tard, car il ne comptait pas réussir du premier coup.

La demie après onze heures du matin venait de sonner.

C'est l'heure où les gens de bureau déjeunent.

L'ex-forçat se mit à se promener devant la grille de l'hospice ; — juste en face se trouvaient deux petits cafés-restaurants qu'il guigna du coin de l'œil en se disant :

— Je serais bien surpris si l'un de ces établissements modestes ne fournissait point la pâture aux *ronds-de-cuir* de l'hospice.

A peine achevait-il de formuler cette réflexion qu'il vit un garçon sortir de l'un des petits cafés,

portant un panier garni d'assiettes, de fourchettes, de pains, de verres, de bouteilles, etc.

Ce garçon se dirigea vers l'hospice dont il franchit le seuil.

Jarry eut un sourire aux lèvres en s'apercevant qu'il ne s'était pas trompé.

En même temps quatre jeunes gens de dix-huit à vingt ans, riant et causant de façon bruyante, sortirent de l'hospice et prirent le chemin de l'établissement que le garçon au panier venait de quitter.

— Il faut que j'entende bavarder ces gratte-papier... — pensa Jarry.

Et il suivit les jeunes gens qui se placèrent tous les quatre à une des tables les plus rapprochées du vitrages.

Les clients étaient peu nombreux en ce moment dans le petit café, véritable *caboulot* où on mangeait à la portion sur des tables de bois blanc recouvertes de toile cirée.

Jarry se plaça derrière les jeunes gens, tout près d'eux, se fit apporter un mazagran et alluma une cigarette.

— Patron, faites-nous servir au galop ! — cria l'un des quatre employés, le plus jeune, un gamin de dix-huit ans à peine — Qu'on ait le temps après déjeuner de jouer son café en cinq points d'écarté.

On les servit sans perdre une minute et ils se mirent à dévorer tout en causant.

— As-tu fini ton relevé, toi, Julien ? — demanda

l'un d'eux à leur jeune collègue qui venait de parler.

— Fini ! — répliqua-t-il — ah ! bien, oui ! — j'en ai encore au moins pour trois jours ! — Songez donc qu'il faut que j'embrasse vingt-cinq années, de 1862 jusqu'à 1887... — j'ai des milliers de noms à tracer sur mes états ! — En voilà une besogne fastidieuse et abrutissante !

— Des milliers de noms ! Tu exagères !

— Non, je n'exagère pas, et je suis rigoureusement dans le vrai...

— Qu'est-ce que l'administration veut faire de ces états-là ?...

— C'est pour établir une statistique ! — Je vous demande un peu si c'est une idée bête ! — A quoi que ça sert, les statistiques ?... — A faire décorer les chefs de bureau...

— L'administration aurait pu se contenter des chiffres...

— Pas du tout !... il faut des détails, et je te garantis que la colonne des observations est bigrement chargée !

— Si encore on nous donnait une gratification pour ces travaux-là...

— Une gratification ! ah ! bien oui ! — je t'en fiche ! — je serai obligé de veiller au bureau pendant deux jours jusqu'à neuf heures du soir... J'userai mes fonds de culotte, quitte à les faire changer à mes frais, et mon tailleur tire sur moi à boulets rouges! — il faut que je lui donne 50 francs à la fin du mois !... Si je ne les lui donnais pas, ce polichinelle serait parfaitement capable de mettre opposition sur mes appointements, ce qui me ferait très mal noter ! — La voilà, la gratification !... La voilà !... ah ! mes enfants, quelle sale boîte !...

Jarry ne perdait pas un mot de cette conversation, et nous pouvons même ajouter qu'il la savourait.

Monsieur Julien — puisque tel était le nom du jeune employé — continua à déblatérer contre l'administration qui, selon lui, ne donnait pas de quoi manger à ses expéditionnaires ; et tout en déblatérant il avalait ses portions de viande et de légumes avec un appétit formidable.

Les mâchoires bien garnies des quatre affamés fonctionnaient avec une énergie si prodigieuse qu'en moins de trente minutes le déjeuner fut achevé.

— Vivement du café et un jeu de piquet ! — reprit Julien.

On apporta un tapis et des cartes ; on versa le café dans des chopes.

Une partie d'écarté s'engagea.

Décidément Julien n'était point en veine ce jour-là.

Il lui suffit d'un peu moins de dix minutes pour perdre les quatre consommations.

— La guigne noire ! — s'écria-t-il. — Du reste je l'aurais parié d'avance !...

XXII

Le jeune employé que l'on nommait Julien passa au comptoir pour faire inscrire les quatre consommations perdues, l'état de ses finances ne lui permettant pas de les payer séance tenante.

Ses trois camarades sortirent du petit restaurant et rentrèrent à l'hospice.

Jarry se leva et se rapprocha de la porte.

Il attendait au passage le joueur malheureux que du premier coup d'œil il avait jugé.

M. Julien allait sortir.

L'ex-forçat l'arrêta.

— Pardon, monsieur... — lui dit-il, — un mot, s'il vous plaît...

Le jeune homme regarda avec un étonnement mêlé d'un peu d'inquiétude, l'inconnu qui lui parlait... — le délégué d'un créancier peut-être.

Jarry poursuivit :

— J'ai cru comprendre que vous étiez expéditionnaire dans les bureaux de l'hospice des Enfants-Trouvés...

— En effet, monsieur...

— J'aurais à solliciter de votre obligeance un petit renseignement...

— Faites vite, monsieur, je suis pressé...

— Ce sera très court... — Permettez-moi de vous offrir un verre de chartreuse et je m'expliquerai...
— Peut-être ne seriez-vous point insensible à une gratification d'un chiffre coquet... — Elle résultera pour vous sans doute de ce que j'ai à vous dire.

— Une gratification ! — répéta l'employé de plus en plus surpris.

— Oui... et qui pourrait aller jusqu'au billet de mille...

M. Julien eut un éblouissement.

Les billets de mille ne s'étaient jamais offerts à sa vue que chez les changeurs, derrière les vitraux de leurs comptoirs.

— Deux chartreuses vertes ! — commanda Jarry en s'asseyant à une petite table où l'expéditionnaire prit place en face de lui, et d'un ton timide, contrastant avec son assurance habituelle, demanda :

— Enfin, monsieur, de quoi s'agit-il ? — De quel renseignement avez-vous besoin ? De quelle gratification parlez-vous ?

— J'ai entendu tout à l'heure, et bien sans le

vouloir, votre conversation avec vos amis... — répondit l'ex-forçat... — De cette conversation résultait pour moi la certitude qu'en ce moment vous faites un travail qui consiste à établir le relevé des enfants recueillis à l'hospice depuis l'année 1862 jusqu'à l'année 1887.

— Parfaitement... — Vous avez fort bien entendu et fort bien compris...

— J'ai même compris, — ajouta Jarry avec un sourire, — que ce travail fatigant, pour lequel vous aurez à veiller pendant plusieurs jours jusqu'à neuf heures du soir, ne vous obtiendrait aucun supplément de rémunération pécuniaire...

— Hélas! — soupira M. Julien. — Ce n'est que trop vrai!... — Mais cela ne m'explique pas...

— Où j'en veux venir? — Un peu de patience, j'y arrive...

— Hâtez-vous, monsieur! — Je vous répète que je suis pressé...

Jarry jeta un coup d'œil autour de lui afin de s'assurer que personne ne se trouvait à portée de l'entendre, et dit en baissant la voix :

— Je voudrais avoir le procès-verbal de dépôt d'un enfant qui a été recueilli à l'hospice.

M. Julien regarda son interlocuteur dans les yeux et répliqua :

— Je ne suis pas chef de bureau, moi, monsieur.

— Si vous avez une réclamation à faire, adressez-vous au bureau des renseignements de l'administration de l'Assistance publique, avenue Victoria...

— Vous ne m'avez point compris, cher monsieur... — insinua Jarry.

— En êtes-vous bien sûr?

— Parfait! — Alors, jouons cartes sur table...

— C'est une affaire que vous me proposez?

— Avantageuse pour vous, oui...

— Une illégalité à commettre.

— Sans importance... un service à rendre qui ne peut porter de préjudice à personne au monde...

— Enfin, en quoi consiste-t-il, ce service?

— Je vous l'ai dit. — J'ai besoin que vous me donniez la copie d'un procès-verbal de dépôt d'un enfant.

— Vous savez que cela nous est absolument défendu!

— Si cela vous était permis, cette copie vaudrait tout juste le prix du relevé d'un acte de l'état civil dans une mairie de Paris...

— C'est vrai, mais encore faudrait-il savoir à quoi ce procès-verbal, une fois entre vos mains, pourrait servir...

— A me faire retrouver ma fille...

— Comment cela?

— C'est bien simple... — J'avais une maîtresse... De cette liaison un enfant est né... une fille... — Quelques mois après sa naissance, je fus obligé de m'éloigner de Paris.

» Mon absence dura un an.

» Quand je revins je ne retrouvai plus la mère, mais je sus que l'enfant avait été déposée sur les marches de l'hospice de la Charité... — J'obtins de plus quelques détails, mais insuffisants pour me permettre de me présenter à l'Assistance publique et de réclamer ma fille...

» Comprenez-vous, monsieur, voilà près de vingt ans que je voudrais la retrouver, la revoir, l'embrasser, lui faire partager mon bien-être, car je jouis d'une très large aisance ! — Qui sait ce qu'est devenue la pauvre enfant ?

Jarry parlait avec une émotion bien jouée, d'un ton pathétique, mettant des larmes dans sa voix.

Il continua :

— Vous êtes jeune, vous avez du cœur certainement. — Vous comprenez donc bien ce que j'ai dû souffrir et ce qu'en ce moment je mets d'espoir en vous ! ! — Si vous vous associez aux douleurs d'un malheureux père, l'espoir le plus cher de ma vie peut se réaliser...

» Que faut-il pour cela ? — Quelques renseignements précis... La nomenclature des objets déposés avec l'enfant...

» Une fois muni de ces détails je pourrai me présenter hardiment à l'administration centrale, et réclamer ma fille abandonnée par une mère criminelle...

— Bref, — dit M. Julien, — c'est de la copie du procès-verbal de dépôt que vous avez besoin...

— Oui...

— En vous la remettant je risque de me compromettre...

— Non, puisque vous êtes bien certain que je ne produirai pas cette copie et que personne au monde ne saura que je la possède... — Vous aurez fait une bonne action et vous en serez doublement récompensé, d'abord par le témoignage de votre conscience, et ensuite par la gratification très large que ma petite fortune me permet de vous offrir... — En échange du service rendu, un service qui ne vous prendra pas un quart d'heure de votre temps, je vous compterai mille francs.

Une lueur joyeuse s'alluma dans les prunelles de l'employé peu scrupuleux.

Son visage devint rayonnant.

Jarry, qui du coin de l'œil étudiait sa physionomie, vit que l'affaire était emportée d'assaut.

Il fouilla dans sa poche, exhiba son porte-monnaie, et de ce porte-monnaie tira un billet de cinq cents francs qu'il déplia.

— Vous m'inspirez une confiance absolue, monsieur, — dit-il à l'expéditionnaire, — voici la moitié de la somme promise... — Je vais vous la donner... — Je vous donnerai le reste en échange de la copie que vous me remettrez...

M. Julien dévorait des yeux le billet de banque.

Une somme de mille francs, de cinq cents francs même, pour lui, pauvre petit employé maigrement payé, représentait des jouissances infinies, des plaisirs sans nombre, convoités avec ardeur et que l'extrême modicité de ses appointements rendait inaccessibles pour lui.

— Mais, — objecta-t-il sans étendre la main pour prendre le billet qui le fascinait, — il y a un obstacle...

— Lequel?

— Si rien ne me guide, il me sera tout à fait impossible de faire ce que vous désirez.

— Je puis vous guider...

L'employé prit son carnet et s'arma d'un crayon.

— Dictez... — dit-il.

— L'enfant, je vous le répète, a été déposée sur les marches de l'hôpital de la Charité.

— Il me faut la date exacte. — L'avez-vous?

— Oui... — c'était dans la nuit du 16 au 17 octobre 1867...

Julien écrivait.

— Bien... — fit-il.

Jarry reprit :

— Je sais en outre qu'une note quelconque l'accompagnait, donnant son nom véritable...

— Ce nom?

— Pauline.

— Ensuite?

— Malheureusement c'est tout ce que je puis vous dire... — Je n'en sais pas plus long.

— J'espère que ce sera suffisant. — L'abandon

de l'enfant sur les marches de l'hospice de la Charité est un indice précieux qui, sans le moindre doute, se trouve relaté dans le procès-verbal. — Cet indice et la date exacte doivent rendre une erreur bien difficile, sinon tout à fait impossible.

— Tout est donc pour le mieux... — Quand pourrai-je vous revoir?

— Trouvez-vous ce soir à cinq heures au *Café du Théâtre des Nations*, place du Châtelet... — J'irai prendre avec vous une absinthe que vous m'offrirez, et je vous remettrai la copie dont vous avez besoin...

Jarry poussa vers le jeune homme le billet de cinq cents francs qui se trouvait entre eux sur la table.

— Nous sommes d'accord ; — lui dit-il, — ceci est à vous, et ce soir je vous en remettrai autant.

L'expéditionnaire hésita pendant le quart d'une seconde avant de prendre le billet, mais la tentation était trop forte, — il le saisit et le fit disparaître dans sa poche.

— Comptez sur moi... — fit-il en se levant — à ce soir cinq heures...

Et il sortit vivement.

A travers le vitrage Jarry le regarda s'éloigner.

— S'il allait me refaire, ce rond de cuir... — murmura-t-il. — Mais non... il a cinq cents francs de plus à gagner en me tenant parole qu'en me filoutant... — il me tiendra parole, puisque c'est son in-

14.

térêt... Il va falloir maintenant que la comtesse Kourawieff, ex-Adèle Gérard, s'exécute, ou sinon...

Il n'acheva pas, et se levant à son tour il quitta le petit restaurant et prit le chemin de l'hôtel de la rue Saint-Dominique.

Le plan de Jarry, — nos lecteurs peuvent le constater, — était en bonne voie de réalisation.

Une fois en possession des détails circonstanciés qui devaient se trouver relatés au procès-verbal de constatation de dépôt, rien ne lui serait plus facile que d'inventer une histoire parfaitement vraisemblable et d'affirmer qu'en 1867 il avait été chargé par une femme d'abandonner en un lieu public quelconque l'enfant de Gaston Dauberive.

Ce faux témoignage porterait des fruits certains.

Comment le sculpteur pourrait-il refuser d'admettre que Pauline fût sa fille?

D'ailleurs, dans le cas où des incidents imprévus viendraient à surgir, Jarry était homme d'imagination et de ressources... — il saurait toujours se tirer d'affaire.

Ici une question très sérieuse se posait à son esprit.

Devait-il faire part à la comtesse Kourawieff de ce qu'il avait résolu et de ce qu'il venait d'exécuter déjà ?...

Devait-il, au contraire, essayer de tirer tout seul à son profit les marrons du feu, ou au moins d'obtenir une somme beaucoup plus forte que celle promise par la ci-devant Adèle Gérard?

Après réflexion, Jarry conclut :

— Le parti que je prendrai dépendra de ma conversation avec cette chère comtesse.

Il arriva à l'hôtel.

Là, il était absolument comme chez lui.

Tout d'abord il se rendit auprès de Gaston Dauberive.

Ce dernier avait éprouvé une joie vive en le voyant s'installer dans la chambre voisine de la sienne.

Le pauvre fou n'oubliait pas que c'était grâce à lui qu'il avait pu s'enfuir de l'odieuse maison de santé du docteur Sardat, et il le bénissait du fond de son âme reconnaissante.

Gaston était régulièrement soumis au traitement ordonné par M. de Lorbac.

Les effets prévus par l'éminent docteur se produisaient de point en point.

Des crises violentes s'étaient succédé à d'assez courts intervalles, et il n'avait fallu rien moins que la force exceptionnelle de l'ancien forçat pour contenir et maîtriser l'évadé de Bonneuil.

Le calme revenait après ces crises, accompagné d'une lucidité grandissante, mais la mémoire, ou du moins la mémoire des noms, faisait toujours défaut, et rien n'annonçait qu'un changement prochain dût avoir lieu sous ce rapport.

M. de Lorbac, tout en le constatant, répétait :

— Patience... — Il faut attendre...

Un progrès considérable s'était cependant accompli.

Dauberive trouvait maintenant un grand charme à se voir entouré des objets qui lui rappelaient les occupations artistiques de sa jeunesse.

De temps à autre il prenait de la terre glaise, des ébauchoirs, et se mettait à modeler, s'efforçant de reproduire une forme, un visage, qui sans doute hantaient ses souvenirs confus.

Mais, n'y parvenant pas, il se décourageait vite, et il abandonnait les instruments de son travail, pour les reprendre bientôt après et les abandonner de nouveau.

Parfois, quand il semblait au moment de réussir, il détruisait brusquement le buste commencé...

Ce jour-là Jarry, après avoir échangé quelques mots avec Gaston Dauberive, le quitta et se mit à la recherche de Nicolas, le domestique russe, afin de savoir si madame Kourawieff se trouvait à l'hôtel et si elle était visible.

Nicolas répondit :

— Madame la comtesse n'est point sortie et vous recevra certainement... — je vais vous annoncer...

XXIII

Nicolas sortit, et au bout de quelques instants il revint pour introduire Jarry dans le cabinet de travail de la comtesse.

— As-tu donc à m'apprendre quelque chose de pressé? — lui demanda celle-ci.

— Je voudrais avoir avec vous quelques instants d'entretien sérieux... — répondit-il.

— Au sujet de Gaston Dauberive?

— Oui.

— Se produit-il quelque chose de nouveau?

— Absolument rien, et c'est ce qui me désespère... — je trouve que nous attendons avec beaucoup trop de patience une guérison qui peut se faire attendre toujours...

— Je ne puis que répéter avec le docteur de Lorbac : — *Patience!...*

— Très bien, mais à force de patienter, on s'impatiente !... — Tenez-vous donc tant que cela à guérir ce pauvre diable de fou ?...

— La question est absurde !... — j'y tiens parce que j'ai besoin qu'il retrouve la mémoire pour nous faire retrouver la femme qu'il aimait et qui lui a donné une fille... — Sans la mère comment mettre la main sur la fille ?... sur l'héritière ?...

— Il se pourrait que la mère fût moins utile que gênante... — répliqua Jarry.

— Comment cela ?

— C'est d'une simplicité enfantine... — Si vous la retrouvez, il faudra nécessairement lui expliquer que sa fille hérite de quinze millions, et vous admettez bien qu'après un tel aveu, vous devrez compter avec elle... — Or, la part à lui donner viendra réduire les nôtres...

— Cela dépend...

— De quoi ?

— De sa situation... — si elle est mariée... si elle occupe dans le monde une place importante ou seulement honorable, je la tiens et nous n'avons rien à craindre...

— Soit ! mais il est infiniment probable qu'elle est dans une position plus que modeste, et alors, flairant la fortune, elle se montrera exigeante...

— Discussion oiseuse, puisque nous ignorons quelle est cette mère... — Dans tous les cas, je ne parlerai qu'à bon escient si nous la retrouvons...

— Pourquoi la retrouver?... — Après tout c'est le père qui seul a des droits sur sa fille, puisque seul il l'a reconnue; nous n'avons à nous préoccuper que de lui, et pourvu qu'il dise : — *Voilà ma fille!* il est inutile de chercher ailleurs...

— Tu oublies que dans l'état moral où se trouve Gaston Dauberive, son témoignage serait sans autorité...

— S'il était isolé, oui... Mais non si d'autres témoignages l'appuyaient...

— Où les prendrais-tu, ces témoignages?...

— Que cela ne vous inquiète pas... J'ai plus d'un tour dans mon sac, et puisque vous n'avancez point dans la voie des découvertes, je prendrai le parti d'agir de mon côté...

— Agir, comment? — Que feras-tu?

— Je produirai une héritière, parbleu!... Une jeune fille de l'âge de Pauline Dauberive et je vous garantis qu'elle sera vraisemblable... — Rapportez-vous-en à moi pour cela... — Nous perdons notre temps... Nous tournons dans un cercle vicieux... Nous cherchons, sans le moindre résultat, une mère et sa fille qui peut-être sont mortes toutes deux... c'est absurde!... — que nous faut-il? — qu'une personne de vingt et un ans, répondant au nom de Pauline Dauberive, soit envoyée en possession de l'héritage de Paul Gaussin... — Est-ce exact?

— Oui, — dit madame Kourawieff — c'est exact, et je m'en suis déjà préoccupée...

— Oh! oh!... — s'écria l'ex-forçat très surpris.

— J'ai donné des ordres... — poursuivit la comtesse — On cherche... On trouvera peut-être, mais ce ne peut être qu'un pis-aller, car la substitution offre des dangers très graves...

— Lesquels?

— Si la vraie fille est vivante elle pourrait apparaître à l'improviste et par sa seule présence démolir tout l'échafaudage.

— C'est que l'échafaudage serait mal construit... Mais il y a telles combinaisons qui donneraient à la fille supposée tout l'avantage sur la fille véritable...

— Hum!... — murmura madame Kourawieff en secouant la tête d'un air mal convaincu.

— Vous ne me croyez pas?

— Je doute.

— Si je vous disais cependant que j'ai trouvé quelqu'un...

— Parles-tu sérieusement?

— Parole d'honneur! — Tel que vous me voyez, j'ai mis le doigt sur ce qu'il nous faut.

— Quelque intrigante à qui tu auras fait la leçon...

— Qu'importe si la leçon est bien récitée, et si tout se réunit pour constituer à ma trouvaille une indiscutable identité?... — J'ai découvert une perle, une vraie perle, positivement!...

— Des détails...

— En voici. — La jeune fille en question n'a

jamais connu ni son père ni sa mère... — Elle a grandi aux *Enfants-Trouvés*, ayant été recueillie sur les marches de l'hôpital de la Charité, dans la nuit du 16 au 17 octobre 1867, coïncidence inouïe, prodigieuse, étourdissante!... — De plus, autre coïncidence, elle porte le nom de Pauline!...

— Il est certain, si les choses sont comme tu le dis, que le hasard a bien fait les choses!... — Et cette Pauline a quel âge?

— Juste l'âge de la fille de Gaston Dauberive.

— Ce concours de circonstances fortuites est remarquable en effet, mais il ne prouve point que nous soyons en présence de la vraie fille de Gaston Dauberive.

— Je le prouverai, moi.

— Par quel moyen?

— Je fournirai le procès-verbal de dépôt à l'hospice des Enfants-Trouvés.

— Ce procès-verbal, malgré la coïncidence des dates, peut ne se rapporter en rien aux faits auxquels Gaston Dauberive s'est trouvé mêlé.

— Il s'y rapportera.

— Comment le sais-tu?

— Admettez que je le connaisse.

— C'est impossible.

— Rien n'est impossible pour moi!... Or, mis au fait par ce procès-verbal de tous les détails de nature à faire retrouver l'enfant un jour si ses parents se mettaient en tête de la réclamer, je me présente hardiment aux bureaux de l'Assistance publique, je demande ce qu'est devenue l'enfant déposée dans la nuit du 16 au 17 novembre 1867, sur les marches de l'hôpital de la Charité... Je décris les vêtements qu'elle portait. Je donne la nomenclature des menus objets qui l'accompagnaient, toutes choses dont il est fait mention nécessairement au procès-verbal... — En présence d'indications si précises on est forcé de reconnaître que je dis la vérité... On me délivre un certificat... on m'apprend où se trouve la jeune fille — (ce que je savais d'avance)... — Nous la trouvons sans peine, puisqu'elle est sous ma coupe! Nous allons à Gaston Dauberive et je lui dis : — *Voilà votre fille... votre fille qu'autrefois j'ai reçue des mains d'une femme rencontrée entre Montgrésin et Orry-la-Ville et qui m'a payé pour porter l'enfant à Paris et la déposer sur les marches d'une église ou d'un hospice.*

— Il demandera le nom de la femme...

— Je lui répondrai que je l'ignore... — Le nom de Pauline, les faits et les dates suffiront pour le convaincre...

— Et tu connais vraiment le procès-verbal de dépôt?

— Je le connaîtrai ce soir.

— La jeune fille?...

— Prête à entrer en scène et à jouer son rôle lorsque le moment sera venu... — Je vous la montrerai quand bon vous semblera... — Comment voulez-vous que l'ombre d'un doute traverse le cerveau de Gaston Dauberive?... — Jetez-lui dans les bras une jolie fille, juste de l'âge de la sienne, qui l'embrasse en pleurant d'attendrissement et d'une voix brisée par l'émotion lui dise : — *Papa... Oh! cher papa!* — Il répondra, ivre de joie jusqu'au délire, comme dans les *mélos* de l'ancien jeu : — *Ma fille!... Mon enfant!...* et le tour sera joué... — Il le sera d'autant mieux que la petite aura les poches pleines de preuves et que tout le monde y serait pris ni plus ni moins que Gaston Dauberive... — Eh bien! qu'en pensez-vous? — C'est assez gentiment combiné, n'est-ce pas?

— Sans doute... Mais...

— Mais, quoi? — interrompit l'ex-forçat, — Je vois ce qui vous préoccupe. — La jeune fille coûtera cher? — N'ayez crainte... — vous lui laisserez palper deux ou trois millions sur le capital de l'héritage, et moyennant cette part du gâteau elle fera tout ce qui concerne son état de jeune fille retrouvant son père... — Vous n'aurez qu'à commander... Vous serez obéie au doigt et à l'œil...je vous réponds d'elle comme de moi-même.

Madame Kourawieff regarda l'ex-forçat bien en face, dans le blanc des yeux, et lui dit d'une voix sèche :

— A la manière dont tu disposes de l'héritage, tu parais croire qu'il t'appartient! — Ce serait là une grave erreur! — Souviens-toi que quoi qu'il advienne cet héritage doit arriver dans mes mains tout entier !

— Eh bien ! et ma part ? — s'écria Jarry.

— Il me semble qu'elle est large, ta part !... — je t'ai promis deux millions !...

— Oui, pour avoir apporté l'affaire, mais, dites donc, la situation n'est plus la même...

— En quoi est-elle changée ?

— C'est moi qui vous apporte aujourd'hui la cheville ouvrière sans laquelle tout se détraquerait?

— Cela vaut bien quelque chose !

— Tu ne fais que ton devoir... — Tu travailles dans ton intérêt, car si nous ne pouvions fournir d'héritier les quinze millions seraient perdus !

— Il faut que ma femme m'apporte une dot !...

— Ta femme ! — répéta madame Kourawieff stupéfaite.

— Parfaitement ! — j'ai l'intention d'épouser ma trouvaille...

— Tu sais bien que je la destine à mon fils...

— Ce mariage est impossible !...

— Pourquoi donc ?

— D'abord parce que je me suis toqué de la petite et que je ne la céderai à personne... — Ensuite parce que votre fils unique, M. le comte Kourawieff, ne peut se mésallier à ce point... — Le monde étonnerait...

— Qu'est-ce donc que cette fille ?

— Dame !... une enfant recueillie par l'Assistance publique... Vous devez bien penser qu'elle n'a pas été élevée au Sacré-Cœur...

— Où l'as-tu dénichée ?

— Dans une crèmerie où elle déjeunait d'une soupe et d'un verre d'eau fraîche.

— Sa profession ?

— Bonne à tout faire.

— Et c'est cette... personne, que tu me proposes de présenter à Gaston Dauberive comme étant sa fille !

— Je mettrais n'importe qui au défi de trouver mieux !... Elle est jolie, intelligente, honnête, puisqu'étant jolie elle crève de faim ! — Avec cela réunissant comme sur commande les conditions requises ! C'est une chance étonnante d'avoir mis la main sur ce phénomène. — Vous lui donnerez trois millions, j'en toucherai deux, il vous en restera dix pour monsieur le comte Kourawieff... C'est gentil... — Une fois mariés, Pauline et moi, nous vivrons très gentiment de nos deux cent mille livres de rentes, à l'étranger, bien entendu, et nous ferons souche de braves gens, vous verrez ça !

— Alors, à cette heure, c'est toi qui m'imposes des conditions !... — fit la comtesse avec colère.

— On ne saurait être plus raisonnable que je ne le suis ! — répliqua Jarry avec un sourire.

Madame Kourawieff pensa :

— Voilà un coquin qui devient gênant.

Puis tout haut :

— As-tu déjà parlé à cette fille ? — Lui as-tu dit quel rôle tu comptais lui faire jouer ?

— Naturellement.

— C'est une trahison ! — s'écria la comtesse.

— En aucune façon ! — Je ne vous ai pas nommée. — Pauline sait seulement qu'il existe quelque part un père millionnaire, — le sien ! — prêt à lui ouvrir les bras. — Elle jouera le rôle d'autant mieux qu'elle le jouera de bonne foi, *convaincue que c'est arrivé !*

Jarry dans ses réponses, on le voit, arrangeait les faits à sa guise, mêlant adroitement le mensonge à la vérité.

Madame Kourawieff se promenait de long en large dans son cabinet avec agitation.

Elle se sentait menacée par la combinaison machiavélique de son complice.

Elle avait trop de respect humain ; elle tenait trop à la position conquise par elle dans le monde à force d'audace pour songer à faire épouser une servante à son fils, et maintenant que Jarry avait poussé les choses aussi loin, qu'il avait prévenu cette fille, impossible de se débarrasser d'elle... — Elle pourrait parler, menacer, ébruiter l'affaire, et par cela seul amener l'écroulement des combinaisons les mieux ourdies.

Au bout de quelques instants elle s'arrêta.

— Il faudra que je voie cette personne... — dit-elle...

— Vous la verrez quand vous voudrez, mais en ma présence...

— Soit ! — Où demeure-t-elle ?

— Inutile de vous donner son adresse... — Je vous l'amènerai.

— C'est bien... — Rien ne presse d'ailleurs... — Le moment d'agir n'est point encore venu...

— Pensez-vous ?

— J'en suis sûre...

— Croyez-moi, ne tardons pas trop... — j'ai hâte d'être millionnaire et, en attendant que cela arrive, je vous prie de me faire une petite avance sur les millions futurs...

— Tu as besoin d'argent ?

— Oui, pour nipper un peu ma future... — La pauvre enfant, à l'heure présente, ne possède que ses beaux yeux.

Madame Kourawieff ouvrit le tiroir-caisse de son bureau, y prit trois ou quatre billets de mille francs et les tendit à son complice qui se hâta de remercier et d'empocher.

— Je vais maintenant — fit-il ensuite — je vais à un rendez-vous d'affaires où on doit me remettre les pièces établissant l'identité de Pauline... — soyez paisible, nous serons en mesure de prouver par A plus B que l'enfant trouvée sur les marches de l'hôpital de la Charité est bien la fille de Gaston Dauberive...

— Ce soir viens reprendre ton service comme de coutume...

— Je serai ici à neuf heures précises...

Et Jarry sortit.

XXIV

Restée seule, madame Kourawieff eut un instant de véritable fureur.

— Je lis dans le jeu de ce misérable ! — se dit-elle les mains crispées, les lèvres blanches, — il veut m'exploiter !...

» Donner deux millions à lui et trois à cette fille, jamais !

» Il faut me débarrasser de lui, c'est clair...

» Mais, comment ?

» Rien de plus facile que de l'envoyer à l'échafaud pour le meurtre de Michel Bernard, mais il devinerait d'où le coup qui le frappe est parti... il se vengerait et dénoncerait l'ancienne espionne des Prussiens et la double individualité de la comtesse Kourawieff et de la Natidja... Dans tous les cas les millions m'échapperaient...

» Il faut temporiser... il faut chercher un moyen de le réduire à l'impuissance... et quand on cherche, on trouve !

La comtesse, redevenue calme, reprit sa place devant son bureau.

L'ex-forçat, tout en se dirigeant vers la rue Saint-Placide, se disait de son côté :

— Très malin, le petit Jarry ! — Madame la comtesse, je vous tiens, et il faudra bien que vous passiez par les chemins où je voudrai vous faire passer ! !

Pauline l'attendait.

— Eh bien ! — lui demanda-t-elle, — avez-vous réussi dans ce que vous désiriez ?...

— C'est en bon chemin, ma fille, — répondit d'une façon évasive l'ancien sergent de la garde nationale, — j'ai rendez-vous à cinq heures avec quelqu'un qui me remettra probablement la pièce importante dont nous avons besoin...

— Le procès-verbal de mon dépôt à l'hospice ?...

— Tout juste.

— Alors, quand nous aurons ce procès-verbal nous retrouverons mon père ?

— C'est certain...

— Et les millions ?...

— Les millions aussi... — Si le père ne devait rien rapporter, il serait bien inutile de le retrouver... — Le jeu n'en vaudrait pas la chandelle !

— Et nous nous marierons ?

— Dès que nous aurons des rentes, oui, ma fille...

Jarry quitta son logement de la rue Saint-Placide pour aller au rendez-vous donné par M. Julien, place du Châtelet, au café du *Théâtre des Nations* qui devait un peu plus tard se transformer en *Opéra-Comique* après l'incendie de la salle Favart.

Quand il y arriva cinq heures sonnaient, et cependant M. Julien n'était pas encore au rendez-vous.

Jarry, un peu inquiet, se fit servir un verre d'absinthe, tout en se demandant si à la dernière minute l'expéditionnaire n'avait pas été pris de peur et n'allait pas lui manquer de parole après l'avoir *tapé* d'un billet de cinq cents francs.

Inquiétude mal fondée.

Avant que deux minutes se fussent écoulées, la porte du café s'ouvrit et M. Julien entra, explorant du regard l'intérieur du café.

Jarry lui fit signe de venir s'asseoir à côté de lui et lui demanda :

— Que prenez-vous ?

— Ce que vous prenez vous-même...

— Garçon, une seconde absinthe.

On servit.

L'ex-forçat dit ensuite en baissant la voix :

— Eh bien ! cher monsieur, vous m'avez tenu parole...

— Chose promise, chose due...

— Vous avez ce que je désirais ?

— Parfaitement.

— Une note bien détaillée?

— La copie littérale du procès-verbal...

— A merveille...

L'expéditionnaire avait fouillé dans sa poche...

Il en tira une feuille de papier pliée et la tendit à Jarry.

Celui-ci la prit, la déplia, et lut les lignes suivantes :

« *Dans la nuit du 16 au 17 novembre 1867,*
» *M. Auguste Bournet, interne à l'hospice de la*
» *Charité, rentrant à deux heures du matin pour*
» *son service de nuit, a recueilli sur les marches*
» *dudit hospice une enfant du sexe féminin qui le*
» *lendemain nous a été déposée par les soins du*
» *directeur de l'hôpital.*

» *Cette petite fille portait pour vêtements :*
» *1° Une chemise marquée aux initiales P. D.*
» *2° Une brassière de toile aux mêmes initiales.*
» *3° Des bas de laine rouges.*

» *Elle était enveloppée dans des langes et dans*
» *un châle à carreaux écossais, du genre tartan,*
» *servant de couverture.*

» *Par-dessus les langes et le châle se trouvait*
» *une mante à capuchon de mérinos bleu.*

» *Dans le capuchon de cette mante était fixé à*
» *l'aide d'une épingle un papier portant ces mots :*
» ELLE SE NOMME PAULINE ET ELLE EST AGÉE DE
» QUATORZE MOIS. »

Là se terminait le procès-verbal.

Jarry, continuant à jouer son rôle de père vis-à-vis du jeune employé, s'essuya les yeux avec son mouchoir comme un homme en proie à une violente émotion, et balbutia d'une voix larmoyante :

— Oui... oui... c'est ma fille... c'est bien ma fille... Ah! que Dieu qui me la rend soit béni!

Tout en se disant ce qui précède, il pensait ;

— Une chemise marquée P. D!.. c'est positivement stupéfiant ! Le hasard ne saurait aller si loin que cela! — Parole d'honneur, je commence à croire que nous nous trouvons en face de la vraie fille de Gaston Dauberive.

— Alors vous êtes satisfait ? — demanda M. Julien qui avait hâte de toucher les derniers cinq cents francs promis.

— Si je suis satisfait... — répliqua Jarry, — ah! le mot n'est pas assez fort! C'est heureux que je suis ! prodigieusement heureux !... — Vous venez de me rendre le plus immense des services, et croyez que j'en suis reconnaissant!... — Voici le complément de ce que je vous dois...

M. Julien empocha le second billet promis et après avoir remercié pria l'ancien forçat de vouloir bien recopier de sa main la note.

— Très bien, je comprends... — fit Jarry. — Vous craignez que votre écriture ne soit reconnue dans le cas où cette note tomberait sous les yeux d'un de vos chefs.

— C'est cela même... — il est certain que pour

vous obliger j'ai commis un acte délictueux... — Vous serez discret, je le crois, mais on ne sait jamais ce qui peut arriver...

— Je vous approuve, et je vais faire ce que vous désirez...

Jarry demanda du papier, une plume, recopia la note et remit l'original au jeune employé qui s'en servit pour allumer son cigare, et quitta le café du Théâtre des Nations après avoir serré la main de celui qu'il regardait en ce moment non comme un tentateur mais comme un bienfaiteur.

L'ex-forçat alla dîner dans les environs, et à neuf heures il rentrait reprendre son service à l'hôtel de la rue Saint-Dominique en se disant :

— Je suis le maître d'agir quand bon me semblera... — Dès demain je ferai ma réclamation à l'Assistance publique...

*
* *

Dans l'hôtel de M. de Lorbac rien n'avait transpiré des incidents du voyage de Rose à Sucy.

Personne ne soupçonnait ce qui s'était passé entre René, Rose et Serge Kourawieff.

René avait remis à la jeune fille la lettre d'excuses du fils de la comtesse, la rassurant ainsi de façon complète en lui apprenant que le duel qui l'épouvantait n'aurait pas lieu.

Depuis l'instant où, à l'aveu de l'amour de René,

elle avait répondu par un aveu pareil, la jeune fille se sentait heureuse. — Elle vivait comme dans un rêve avec un vague espoir au cœur.

Mademoiselle de Lorbac ne disait pas un seul mot de l'entretien entre elle et son père, auquel nous avons assisté.

Elle attendait le moment de poursuivre la campagne entreprise par elle pour que son frère devînt le mari de son amie.

Ah ! si elle avait pu savoir ce qu'ils s'étaient dit tous deux, elle n'aurait certes point remis au lendemain l'accomplissement de ses projets. — Mais elle ne savait pas...

René, lui, était encore à s'ouvrir à son père, non qu'il eût la crainte de se heurter à un refus, mais obéissant à un sentiment de timidité bien naturel.

Une curiosité de jeune fille devait hâter le dénouement de cette innocente intrigue d'amour.

Le docteur recevait beaucoup de journaux et de brochures.

M. de Lorbac faisait descendre au salon celles de ces publications qui pouvaient intéresser sa femme et sa fille, et Renée prenait un plaisir extrême à feuilleter les journaux illustrés et à lire dans les feuilles quotidiennnes les articles d'actualités et les fait divers.

Les deux jeunes filles se trouvaient seules au salon.

Rose, assise au piano, déchiffrait une partition.

Renée s'absorbait dans la lecture d'un long article du *Figaro* intitulé la TIREUSE DE CARTES et qui paraissait l'intéresser au plus haut point.

Cette tireuse de cartes était comme bien on pense Natidja, la célèbre cartomancienne de la rue du Colisée.

Le chroniqueur affirmait que Natidja possédait des moyens de divination touchant de bien près à la magie.

L'avenir — disait-il — n'a point de secrets pour elle. — Ses yeux en déchiffrent sans peine les pages les plus obscures.

Et il citait, à l'appui de son dire, un grand nombre de faits vraiment stupéfiants et d'où résultait la preuve absolue d'une clairvoyance sans limites.

Quelle est la jeune fille ou la femme chez qui la pensée de savoir ce que lui garde l'avenir n'éveille pas une fièvre de curiosité ?

De cette fièvre est faite la fortune des *diseuses de bonne aventure* qui pullulent dans Paris et ne vivent qu'aux dépens de la crédulité publique et de la passion des foules pour le mystérieux, pour l'inconnu.

L'article du *Figaro*, qu'il fût sincère ou qu'il appartînt à la catégorie des réclames très habilement faites et chèrement payées, était de nature à surexciter au delà du possible cette fièvre dont nous parlions quelques lignes plus haut, et à faire défiler Paris entier dans le cabinet magique du petit hôtel de Natidja.

Renée, quand elle eut achevé la dernière ligne, e dit presque à voix haute :

— Je voudrais bien, moi aussi, connaître l'avenir...

En même temps l'idée se présentait à son esprit que ce désir, en somme, était facile à contenter.

— Rose, ma chérie... — fit-elle.

La jeune institutrice, abandonnant la partition qu'elle déchiffrait, tourna la tête vers sa petite amie et demanda :

— Que me veux-tu, mignonne?...

— As-tu lu l'article du *Figaro*?

— Quel article?

— La *Tireuse de cartes*...

— Non.

— Eh bien, lis-le...

— Il est donc bien intéressant?

— Il ne peut rien y avoir au monde d'aussi intéressant que lui!...

Et Renée tendit le journal à Rose qui le prit et lut rapidement l'article désigné.

— C'est curieux — dit-elle ensuite — mais à coup sûr il y a là-dedans beaucoup d'exagération... — L'avenir appartient à Dieu, n'appartient qu'à lui, et je crois que nulle intelligence humaine et nulle science occulte n'ont le pouvoir d'en pénétrer les mystères...

— Cependant on cite des faits.

— Très probants, j'en conviens, si leur authenticité était démontrée, mais elle ne l'est pas...

— Tu ne crois point à la révélation de l'avenir par les cartes?

— Franchement non, pas plus qu'à toutes les autres jongleries cabalistiques des sybilles de notre époque.

— Des gens bien remarquables ont eu foi, cependant, en ces choses...

— Tu vas me citer Napoléon consultant mademoiselle Lenormand... — dit Rose en hochant la tête. — Cela ne prouve qu'une chose, c'est que les plus grands génies ont leurs faiblesses...

— Il serait bien facile de s'assurer par soi-même du plus ou moins de vérité des affirmations du journal... — murmura Renée.

Rose regarda son amie en riant.

— Voudrais-tu donc te faire dire la bonne aventure, mignonne? — demanda-t-elle.

— Eh bien! oui, j'en conviens... — répliqua vivement mademoiselle de Lorbac. — Cela m'intéresse, cela m'intrigue... je voudrais connaître l'avenir...

— A quoi bon, puisque tu n'as rien à craindre de lui et tout à espérer?...

— Qu'importe? — Il y a des nuances dans l'imprévu! — Et toi, ne serais-tu pas curieuse de savoir ce qu'on te prédirait?

— Je n'y croirais pas.

— Veux-tu que nous allions consulter cette fameuse tireuse de cartes?

— Demandes-en l'autorisation à ta mère.

— Oh! non, par exemple! — s'écria Renée avec un geste de mutinerie enfantine — il n'y aurait plus de plaisir! — Ce que je te propose c'est une petite escapade secrète...

— L'attrait du fruit défendu, alors?

— Le fruit n'est nullement défendu puisqu'il n'a pas été demandé!... — Cette Natidja reçoit les mardi, jeudi et samedi... — C'est aujourd'hui jeudi... — Maman sortira tantôt... Elle a des visites à faire en quantité... — Nous sortirons aussi, nous, pour notre promenade quotidienne... — Nous prendrons une voiture et nous irons toutes deux rue du Colysée nous faire prédire nos destinées... — Cela coûte cher, mais papa est très généreux pour moi, et j'ai dans ma bourse beaucoup plus d'argent qu'il n'en faut... — Voyons, ma petite Rose, sois gentille. — En réalité, ce que je te prie de faire est la chose du monde la plus innocente... Je ne comprendrais pas un scrupule de ta part... — Nous croirons ce que nous voudrons de ce qu'on nous dira et j'aurai satisfait un caprice, peut-être absurde, mais qui me tient fort au cœur... — Tu veux bien, dis, ma petite Rose chérie?... Tu veux bien?...

Renée se montrait si câline dans sa supplication que la jeune institutrice ne sentit en elle aucune force de résistance.

D'ailleurs, ainsi que l'enfant venait de le dire, il s'agissait d'une chose parfaitement innocente en soi.

— Tu sais bien, chérie, — répondit-elle, — que tout ce que tu veux, je le veux...

— Vrai ?

— En doutes-tu ?

— Oh ! non !... Douter de toi ! Jamais !... — Alors, c'est convenu, nous irons chez la tireuse de cartes ?

— Oui, puisque tu y tiens tant.

— Et tu te feras dire la bonne aventure ?

— Pour faire comme toi, oui.

Renée battit des mains en signe de parfait contentement, embrassa Rose dix fois de suite, puis reprit :

— Alors tantôt, sans que personne en sache rien, nous ferons le voyage de la rue du Colysée, puisque c'est là que se trouve l'hôtel de l'illustre Natidja.

Le *Figaro* donne son adresse... — Je t'assure, ma chérie, que ça sera pour moi une véritable partie de plaisir... — Entre la visite à Natidja et une soirée à l'Opéra, ce n'est point l'Opéra que je choisirais...

— Eh bien ! mignonne, au risque d'avoir tort, je ne te priverai pas de ce grand plaisir.

L'heure du déjeuner arriva, lentement au gré de mademoiselle de Lorbac qui n'avait en tête qu'une idée et qu'un désir : voir arriver le moment de satisfaire sa fantaisie !

XXV

Enfin ce moment arriva.

M. de Lorbac et son fils venaient de partir.

Thérèse montait en voiture pour aller faire des visites.

La marâtre elle-même, complètement guérie de sa foulure, était sortie aussitôt après le déjeuner.

Les deux jeunes filles se trouvaient seules à l'hôtel.

Elles furent bientôt prêtes à s'éloigner à leur tour et gagnèrent la plus prochaine station de voitures où elles montèrent dans un fiacre en donnant au cocher l'adresse de la tireuse de cartes.

Nos lecteurs connaissent l'hôtel de la rue du Colysée où nous les avons déjà conduits.

Il y avait beaucoup moins de monde que d'habitude dans le salon d'attente et les quelques personnes qui s'y trouvaient étaient absolument étrangères à Renée et à Rose.

Mademoiselle de Lorbac et son institutrice cachaient leur visage sous des voilettes épaisses.

Le groom Jupiter leur donna les numéros 6 et 7.

Il ne leur restait qu'à attendre leur tour.

— Nous entrerons ensemble... — dit Renée à Rose.

Celle-ci répondit par un signe affirmatif.

Nous avons expliqué comment Adèle Gérard ou la comtesse Kourawieff, sous le nom et sous le costume de Natidja, procédait.

Grâce au judas pratiqué dans la muraille de son cabinet magique elle pouvait voir les personnes réunies dans le salon d'attente et préparer ses réponses si elle avait affaire à des gens de sa connaissance.

Or, elle connaissait à peu près tout le monde et rien n'échappait à ses yeux perçants.

Malgré l'épaisseur des voilettes elle devina du premier coup d'œil la fille de M. de Lorbac et son institutrice.

— Oh ! oh ! — murmura-t-elle, — la curiosité les amène ici, — Il s'agit d'être prudente, et si toutes deux m'interrogent je leur en donnerai pour leur argent !...

Le tour du numéro 6 arrivait.

C'est à Renée que ce numéro avait été remis.

Jupiter vint la prévenir.

Rose se leva en même temps qu'elle.

— Une seule personne... — dit le jeune nègre.

— Nous sommes venues ensemble — répliqua Rose — et nous désirons ne pas nous quitter...

— Je dois alors prévenir maîtresse... — fit Jupiter.

Et, quittant le salon d'attente, il rentra dans le cabinet de Natidja qui, le voyant seul, lui demanda :

— N'y a-t-il donc plus personne ?

— Si, maîtresse... Deux jeunes dames...

— Eh bien ?

— Elles veulent entrer ensemble...

— Soit !... amène-les...

Quelques secondes plus tard Renée et Rose franchissaient le seuil du cabinet de Natidja et éprouvaient une surprise mêlée d'effroi à la vue du décor étrange et sinistre de la pièce, et des allures quasi-fantastiques de la cartomancienne voilée.

Mademoiselle de Lorbac, très impressionnable, regrettait presque la démarche qu'elle avait voulu faire.

De cette voix dont elle savait si merveilleusement modifier le timbre, madame Kourawieff dit :

— Puisque vous êtes ici, c'est que vous désirez connaître l'avenir....

— Nous le désirons toutes deux... — répliqua Rose.

— A l'une et à l'autre je puis répondre, mais en vous prenant l'une après l'autre.

— C'est évident... — fit Renée à son tour, —

mais, comme je n'ai rien de caché pour mon amie et qu'elle n'a rien de caché pour moi, vous pouvez parler librement comme si vous étiez seule avec l'une de nous...

— C'est contre toutes les règles et contre mon habitude, cependant je consens à faire une exception pour vous... — Approchez-vous de moi et asseyez-vous...

Les deux jeunes filles, un peu tremblantes, prirent place sur les sièges que leur désignait Natidja.

Celle-ci reprit :

— Est-ce par les cartes que vous voulez me voir interroger l'avenir ?

— Savez-vous aussi lire dans la main ? — demanda Renée.

— Toutes les sciences occultes me sont familières. — La *chiromancie* est une de celles que je préfère, à cause de l'extrême clarté des réponses qu'on obtient d'elle, ne laissant aucune place à l'erreur ou au doute. — Je tirerai votre horoscope en étudiant les lignes de votre main si vous le voulez.

— Je le veux.

— Dégantez vous.

— C'est juste.

La jeune fille, tout en retirant ses gants, ajouta :

— Avant tout je dois vous payer, n'est-ce pas ?

— C'est la coutume.

— Combien pour cette séance ?

— Cent francs par personne.

— Donc deux cents francs..

— Oui.

— Les voici.

Renée tira de son porte-monnaie dix louis, et les aligna sur le tapis rouge de la grande table carrée.

Puis, sans la moindre hésitation car elle avait dominé son trouble passager, elle tendit sa main nue à Natidja, d'un air qui signifiait clairement :

— Nous allons voir si vous êtes digne de votre réputation et si vous dites la vérité !

La tâche de madame Kourawieff était assurément facile.

Elle connaissait la famille de Renée.

Elle était au courant de particularités nombreuses de l'intérieur de M. de Lorbac.

La séance qui commençait ne pouvait manquer d'être pour elle un triomphe et de devenir une réclame — la plus puissante de toutes, la *réclame parlée* dont il est impossible de mettre en doute la bonne foi.

Natidja prit de sa main gantée de noir la main nue et fluette de la fille du docteur.

Elle parut en examiner les lignes avec une extrême attention.

— Vous avez dix-sept ans... — dit-elle au bout de quelques secondes. — Votre première enfance a été maladive... aujourd'hui encore votre santé frêle, votre nervosisme excessif, donnent des inquiétudes à ceux qui vous entourent.

Madame Kourawieff parlait avec certitude, ayant entendu plus d'une fois le docteur déplorer la santé trop délicate de sa fille.

— Oh! je sais bien que je mourrai jeune... — murmura mélancoliquement Renée.

— Je n'ai pas dit cela! — fit la chiromancienne.

— Vous ne l'avez pas dit, mais je le pressens... je le devine...

— Je vois, au contraire, que le mal sera vaincu grâce aux soins admirables qu'on vous prodigue... — L'homme qui veille sur vous sans cesse unit aux trésors de la science les dévouements du cœur... — il vous aime de toute son âme... il vous aime plus que sa vie... et quoi d'étonnant à cela?... c'est votre père...

Renée et Rose se regardèrent avec un étonnement plus facile à comprendre qu'à décrire.

La lucidité de Natidja leur paraissait stupéfiante, surnaturelle.

— Après? — fit Renée au bout d'un instant. — N'y a-t-il que mon père qui m'aime?

— Non, il n'y a pas que lui. — Votre mère aussi vous adore...

— Et, c'est tout?

— Vous avez encore auprès de vous deux autres personnes qui vous chérissent.

— Qui donc?

— Votre frère et une jeune fille, votre sœur, sinon par les liens du sang du moins par ceux de l'affection... — Vous êtes riche... — Vous avez l'âme bonne et le cœur aimant... Votre nature est féconde en caprices d'enfant gâté auquel il faut que tout le monde cède... — Vous avez un projet en tête et vous mettrez de l'obstination à l'accomplir...

— Réussirai-je ?

— Oui.

— C'est tout ce que je désirais savoir... — dit Renée en retirant sa main.

— Ne voulez-vous pas que je vous dise quelle est la nature de ce projet ?

— Le pourriez-vous donc ?...

— Rien n'est impossible à ma science.

— Eh bien, dites-le... — fit Renée en tendant de nouveau sa main à Natidja.

Celle-ci reprit cette main mignonne et parut en étudier les lignes avec un redoublement d'attention.

— C'est un projet de mariage... — fit-elle tout à coup.

Renée devint pourpre.

— Pour moi ? — demanda-t-elle cependant.

— Non... pour une autre...

D'après ce qu'elle avait entendu au moment du duel manqué de son fils, madame Kourawieff était certaine de ne pas se tromper.

Elle parlait à coup sûr.

Mademoiselle de Lorbac retira sa main et regarda la chiromancienne avec stupeur, presque avec épouvante.

La connaissance de l'avenir poussée à ce point faisait pour elle de Natidja une créature surnaturelle, effrayante par conséquent, car le surnaturel est inquiétant toujours.

— A ton tour, maintenant, — fit-elle en se tournant vers Rose.

— Non... non... — répondit vivement la jeune fille, effrayée aussi de la lucidité de la sybille et craignant que celle-ci ne dévoilât le secret de son cœur.

— Voyons, ma chérie, — reprit Renée, rendue à l'espièglerie naturelle de son caractère, — pas d'enfantillage !... — Sois aussi courageuse que moi ! — J'ai voulu savoir, je sais, et j'en suis très contente... — Donne ta main à madame, et que dans les lignes de cette main elle lise ton avenir...

— Que craignez-vous ? — demanda Natidja, — pourquoi cette timidité puérile ? — Connaître à l'avance sa destinée est une sauvegarde contre bien des chagrins et des déceptions.

Rose pensa qu'une plus longue résistance serait ridicule et, quoi qu'avec un trouble et une hésitation manifestes, elle tendit sa main dégantée.

Natidja prit cette main qu'elle sentit frissonner dans la sienne et l'examina.

— Vous avez bien tort de trembler ainsi... — dit-elle ensuite, — je n'aurai que des choses heureuses à vous annoncer, je vois cela du premier coup d'œil.

— Quand j'aurai étudié les lignes, je préciserai.

La comtesse parut se livrer à cette étude pendant quelques secondes et poursuivit, en fermant à demi les yeux comme pour se recueillir :

— Vous avez un peu plus de vingt ans... Vous êtes orpheline... Votre mère, une paysanne, est morte depuis peu de temps... Vous êtes née, vous avez grandi dans une maison entourée de fleurs et vous en êtes sortie lorsque la mort a fait le vide autour de vous... — En ce moment vous occupez une position très honorable, mais très modeste...
— Si je me trompe, dites-le-moi...

— Vous ne vous trompez point, madame... — balbutia Rose.

— Cette position n'est d'ailleurs que transitoire, — continua Natidja, — elle ne tardera point à changer. — Je vois pour vous un avenir magnifique... Vous serez riche... vous serez heureuse, car vous êtes aimée et vous aimez...

Rose tressaillit violemment et jeta un furtif regard sur Renée qui la regardait, un sourire aux lèvres.

Natidja reprit :

— Celui que vous aimez et qui vous aime est un grand cœur, une nature élevée et loyale... — il occupera dans le monde un jour une situation considérable que vous partagerez avec lui, car vous serez sa femme... — Il vous a donné déjà des preuves d'un dévouement qui ne se démentira jamais... — il était prêt à risquer sa vie pour vous venger d'un sot personnage qui vous a niaisement offensée...

D'un mouvement rapide Rose retira sa main.

— C'est assez, madame... — balbutia-t-elle d'une voix que l'émotion rendait à peine distincte. — C'est assez...

— Me suis-je donc écartée de la vérité ? — demanda Natidja.

— Je ne doute point de votre science, madame, mais je ne veux pas que vous en disiez plus long...

— Soit ! mademoiselle... — Certes, je me garderais bien de parler malgré vous ! — Puisqu'il ne me reste rien à vous dire, la séance est finie...

Madame Kourawieff se leva.

Renée et Rose en firent autant.

Toutes deux étaient émues, tremblantes.

La tireuse de cartes frappa sur un timbre.

Le nègre Jupiter parut et reçut l'ordre de reconduire les jeunes filles jusqu'au vestibule et d'introduire le numéro suivant.

Mademoiselle de Lorbac et son amie rejoignirent la voiture qui les avait amenées et qui les attendait dans la rue.

Elles y montèrent sans avoir échangé un seul mot.

— Au Jardin des Plantes ! — commanda Renée.

Le fiacre roula.

Renée prit alors les mains de Rose.

— En vérité, ma chérie, — s'écria-t-elle, — la lucidité de cette femme tient du prodige ! — Dans toutes ses paroles aucune erreur ! — Tu aimes mon frère et mon frère t'aime... Il te l'a dit... Vous vous êtes avoué mutuellement votre amour...

Rose baissa la tête, et, sans répondre, devint pourpre.

— Il ne faut point rougir ainsi, ma chérie — reprit mademoiselle de Lorbac. — Je l'avais deviné, moi, depuis longtemps, cet amour, et j'étais si certaine de ne pas me tromper que je travaillais en secret à hâter le mariage que Natidja t'a prédit.

— Tu t'occupais de mon mariage?... — bégaya Rose.

— Je le crois bien que je m'en occupais !... Et il se fera, je t'en réponds !... Mais apprends-moi donc de quelle offense a parlé cette femme ?... Contre qui donc mon frère songeait-il à te protéger, au risque de sa vie ?...

— Contre Serge Kourawieff...

Renée joignit les deux mains dans un geste de stupeur.

— Serge Kourawieff !! — répéta-t-elle — Lui, cette caricature !... ce jocrisse !... ce polichinelle !!...

FIN DU PREMIER VOLUME DE LA FILLE DU FOU

Emile Colin. — Imprimerie de Lagny.

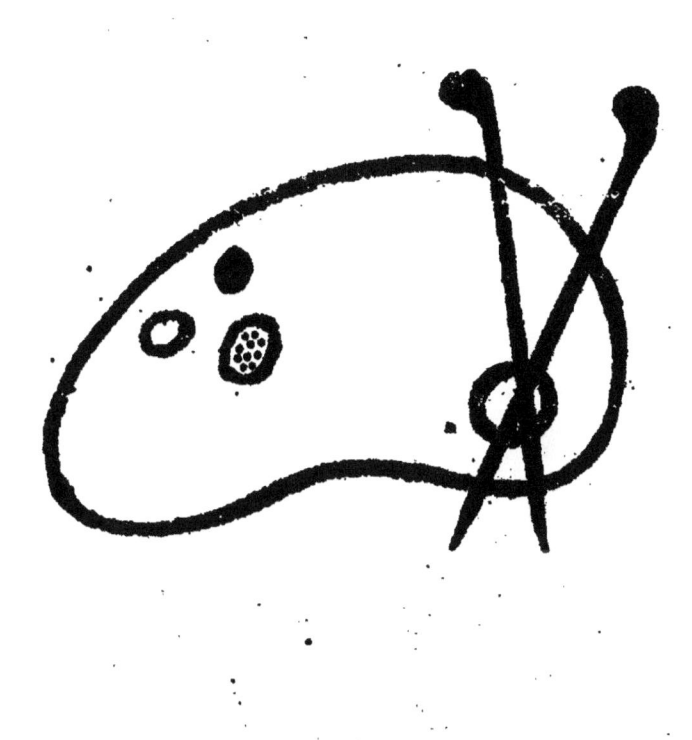

Original en couleur
NF Z 43-120-8

www.ingramcontent.com/pod-product-compliance
Lightning Source LLC
Chambersburg PA
CBHW050637170426
43200CB00008B/1061